マーケットデザイン総論

栗野盛光 監修
栗野盛光・熊野太郎 著

共立出版

シリーズまえがき

「マーケットデザイン」は，経済理論を実践してさまざまな制度やルールをデザインしようとする経済学の一分野である．この分野名は経済学では2000年代初頭から徐々に用いられ，現在では最も研究が盛んな分野の1つとなっている．しかし，マーケットデザインを応用して制度を実装するには，研究者だけでは不十分であり，制度を運用する政府や企業の理解と協力が不可欠である．そのため，マーケットデザインによる制度設計は広く社会に浸透することが必要になる．

しかしながら，マーケットデザインの考え方や研究成果を学ぶための教科書は少なく，専門書や学術論文に頼らざるを得ない状況にある．本シリーズは，経済学部の学部生や大学院生，そして経済学部を卒業した社会人だけでなく，理系の学部生や大学院生，さらには（経済学部を卒業していない）理系を卒業した社会人も対象としている．本シリーズを通じてマーケットデザインを学ぶことで，読者は身近な制度やルールを理解し，自らデザインする力を身に付けることができると監修者は信じている．

本シリーズは，マーケットデザインを学ぶために必要なテーマから構成されており，マーケットデザインの基本的な考え方を扱う「総論」の巻に始まる．制度の下で人々がどのように行動するかについて理解が必要になるため，「協力ゲーム理論」，「非協力ゲーム理論」，そして「メカニズムデザイン」の巻が続く．マーケットデザインの中心的な理論として最も実践されている「オークション」と「マッチング」についても，それぞれの巻を用意した．また，さまざまな制度がインターネット上の取引に応用されていることから，この理解を深めるために「プラットフォーム」の巻が役立つだろう．さらに，マーケットデザインという分野が形成される前から土木工学の都市計画や交通工学において経済理論が応用されており，それらはマーケットデザインとしても捉えられることから「インフラストラクチャー制度」の巻がある．また，制度の実践には理論だけでなく，実証も必要であるため，「実験経済学」と「実証」の巻も準備している．

本シリーズの各巻は，他の巻を参照せずに独立して読むことができるように

工夫されている．そのため，興味のある巻だけを読むことでも役立つが，多くの巻を読むことで各巻のつながりが明確になり，マーケットデザインに対する理解が深まるだろう．

　本シリーズの刊行を通じて，より多くの読者がマーケットデザインへの理解を深め，科学的根拠に則って制度設計に取り組めるようになることを心から願っている．

2024 年 9 月

栗野盛光

まえがき

　自分の身の周りにある制度をじっくり見つめたことがあるだろうか？　私たちが生きる社会はさまざまな制度により構成されている．そして，私たちは意図するしないにかかわらず多くの制度に当たり前のように参加している．この「当たり前」として受け入れている制度を一度再考してみるのはどうだろうか．

　私たちはさまざまな制度に参加している．そして制度の仕組みに則ってさまざまな決断をし，制度が生み出す結果を受け入れている．例えば，国立大学入試では前期と後期にそれぞれ1校ずつしか受験できない．そのため，必ずしも行きたい大学ではなく行ける大学を選択することがある．就職活動では複数の志望企業から個別に結果を知らされ，複数の内定を保持する状況が発生しうる．最終的には辞退されることになるいくつかの内定が当分の間保留されることで，就職期間の長期化につながっている．食事をしようとしてレストランの行列に並ぼうとしたとき，1つのお店にしか並べない．別のレストランに並んでおけばもっと早く満足のいく食事にありつけたかもしれない．これらはどれも当たり前のことと，仕方がないこととして受け止められているかもしれない．もしそのような認識であれば，本書には存在価値がある．

　近年，既存制度の「再設計」や新しい制度の「設計」が経済学的知見を基に行われている．この背景には，制度は可変なもので，科学的に設計可能であるという考え方がある．これまで慣習的に当たり前だと受け入れられてきた制度は，実は多くある候補の中の1つに過ぎないということである．それならば，なぜ慣習的な制度を受け入れなければならないのだろう．慣習的な制度の利用に科学的根拠はあるのだろうか．

　本書は，科学的根拠に則った制度の設計方法を紹介する．このような制度設計の方法論をマーケットデザインと呼ぶ．マーケットデザインと聞くと，オークション理論やマッチング理論だけを想像される読者もいることであろう．しかしマーケットデザインは，特定の分析方法や手法を指すものではない．著者らにいわせると，マーケットデザインとは思想であり，制度つくりの包括的で工学的なガイダンスである．本書の目的は，固定概念を取り払い，制度設計の

考え方やアプローチについて正しい認識を与えることである．

既存の経済理論では，所与の制度を下に何がどう作用して何が起きるのか，それは社会的に望ましいのか，ということを分析する．一方で，マーケットデザインの思想に則ると，社会的に望ましいことは何なのか，それを達成するにはどのような制度設計を行えばよいのか，という逆の手順で考えていくことになる．その際，制度は参加者のインセンティブを制御できているか，制度は計算量的に実行可能か，参加者の行動は想定通りか（実証，実験，シミュレーション），といった工学的側面を色濃く反映する．

マーケットデザインによって，社会は大きく変化してきた．例えば，日本を含む世界各国の研修医マッチング制度や欧米における電波オークションなどは読者らの知るところであろう．これらの大きな特徴は，慣習的に使われてきた制度をただ場当たり的に改変するのではなく，ともすれば既存の概念を根底から覆すような抜本的な制度変更になったことだ．これは，マーケットデザインがあくまで科学的根拠に則った制度設計を行ったことにある．

世の中には慣習的に使われている制度がまだまだ多く残っている．また潜在的に制度設計の対象とは認識されていない市場もたくさんある．そのため，社会はマーケットデザインの力でより一層改善してくことが可能である．それを成すためには実行者がいる．マーケットデザインが机上の空論で終わらないためにも，実行者も含めて社会に関わる多くの人々にマーケットデザインの思想が浸透していかなければならないと著者らは考えている．

本書は，経済学部の学部生や大学院生，そして経済学部を卒業した社会人だけでなく，理系の学部生や大学院生，さらには（経済学部を卒業していない）理系の学部を卒業した社会人を対象に，社会制度の在り方に対する新しい見方（アプローチ方法）を提供する．本書は大きく分けて2つの性格をもつ．1つはマーケットデザインのアイデアとその実践方法（第1, 2, 7章）を解説した実用書としての性格，もう1つはマーケットデザインの技術的な基礎知識（第3, 4, 5, 6章）の提供という教科書としての性格である．後者を読むにはある程度の数学力が必要となるので，数学に自信のない読者は前者から先に読み進めてもらえるとよい．

最後に，共立出版および担当者の大久保早紀子氏には，本書の執筆の機会を与えていただき大変感謝している．著者らはマーケットデザインについて総合的な知識を社会に提供する機会を窺っていたため，非常にありがたい提案であっ

た．また著者らの不徳の致すところではあるが，たびたび原稿期限を超過してしまい，大久保氏には大変ご迷惑をおかけした．

　Boston College の Tayfun Sönmez 氏と M. Utku Ünver 氏，そして University of Sydney の Onur Kesten 氏とのマーケットデザインの考え方に関する多くの議論は，著者らのマーケットデザインに対する姿勢に大きく影響を与えている．関西学院大学の丸谷恭平氏，京都大学の岩瀬祐介氏，ロチェスター大学大学院生の石田航氏，東京大学大学院生の平野飛鳥氏，京都大学大学院生の長島凌剣氏には第 2, 3, 4 章の細部に至るまでさまざまな助言をいただいた．第 5 章については神戸大学の善如悠介氏，第 6 章については信州大学の舛田武仁氏と島田夏美氏から多くの助言をいただいた．著者らのゼミに所属する学生からのコメントも原稿の改善に役立った．ここで謝辞を伝えたい．

　本書の完成は，著者らだけの力では到底成しえなかったことであり，上記以外にも多数の方々の助言，助力があって初めて成しえたものである．本書を世に送り出せることにこの上ない高揚感と満足感を覚える．

2024 年 9 月

栗野盛光　熊野太郎

目　次

第1章　はじめに　1

- 1.1　公共サービスのルール ……………………………………… 1
- 1.2　慣習的先着順ルール ………………………………………… 2
- 1.3　先着順予約ルールと転売 …………………………………… 3
- 1.4　二次流通市場を伴う抽選予約ルール ……………………… 5
- 1.5　転売を防ぐ抽選一括予約ルール …………………………… 6
- 1.6　適切な取引ルールとは？ …………………………………… 7
- 1.7　どうやってルールが実装されるか？ ……………………… 9

第2章　マーケットデザインという思想　11

- 2.1　思想の根幹 …………………………………………………… 11
  - 2.1.1　メカニズムデザイン理論　13
  - 2.1.2　マッチング理論　14
  - 2.1.3　オークション理論　15
- 2.2　思想の定式化 ………………………………………………… 17
  - 2.2.1　経済用語と数学表現　17
  - 2.2.2　マーケットデザインの思想　24

第3章　マーケットデザインの基礎理論　41

- 3.1　ゲーム理論 …………………………………………………… 41
  - 3.1.1　非協力ゲームの枠組み　42

  3.1.2　支配戦略均衡　47
  3.1.3　ナッシュ均衡　50
 3.2　メカニズムデザイン理論 …………………………………… 55
  3.2.1　メカニズムデザインの環境　58
  3.2.2　遂行問題　63
  3.2.3　支配戦略遂行と表明原理　67
  3.2.4　ナッシュ遂行　70

第4章　マーケットデザインの応用理論　　73

 4.1　マッチング理論 ……………………………………………… 73
  4.1.1　マッチング環境の設定　75
  4.1.2　安定性　78
  4.1.3　マッチングメカニズム　84
 4.2　オークション理論 …………………………………………… 96
  4.2.1　オークション環境の設定　97
  4.2.2　効率性　98
  4.2.3　オークションメカニズム　99

第5章　プラットフォームのデザイン　　109

 5.1　プラットフォームの立ち位置 ……………………………… 110
  5.1.1　市場　111
  5.1.2　伝統的な市場分析　112
  5.1.3　市場が機能するために必要なこと　115
  5.1.4　プラットフォームの特徴：ネットワーク効果　116
 5.2　プラットフォームのデザイン ……………………………… 117
 5.3　プラットフォームのモデル分析 …………………………… 119
  5.3.1　モデル　119
  5.3.2　ユーザーの行動：需要関数の導出　121

5.3.3　価格戦略　124

第6章　実証　131

6.1　経済実験　132
6.1.1　経済実験の役割　132
6.1.2　経済実験の例：学校選択問題　133

6.2　フィールド実験　137
6.2.1　フィールド実験の役割　137
6.2.2　フィールド実験の例　139

6.3　構造推定　140
6.3.1　構造推定の役割　140
6.3.2　構造推定の例　141

6.4　シミュレーション（数値計算実験）　143
6.4.1　シミュレーションの役割　143
6.4.2　シミュレーションの例　144

第7章　マーケットデザインの活かし方　147

7.1　マーケットデザインにできること　147
7.1.1　被災地（初期の物資配分，中期の仮設住宅配分，後期の復興）　148
7.1.2　マッチングアプリ　149
7.1.3　会計・経理　150
7.1.4　待ち行列管理　150
7.1.5　医療　150
7.1.6　転売　151
7.1.7　配車　151
7.1.8　新卒社員の配属問題　152
7.1.9　待機児童問題（保育所への入園待機問題）　153
7.1.10　新しい技術との親和性　154

7.2 社会実装のためのヒント ……………………………… 155
 7.2.1 制度設計に関わる姿勢　156
 7.2.2 問題の所在　158
 7.2.3 意識の共有　158
 7.2.4 セカンドオピニオン　159
 7.2.5 新しい制度の評価　160
7.3 制度設計に対する内閣府の取り組み ………………… 160
7.4 ケーススタディ：筑波大学の進学選択 ……………… 163

参考文献……………………………………………………………… 177
索　引……………………………………………………………… 181

第1章
はじめに

　経済学というと，市場の需要や供給，そして価格を研究する学問だと認識されることが多い．ところが，実際には価格がないのに，需要と供給が調整されている「市場」もある．例えば，多くの人々が接種を希望して混乱を招いた（つまり，超過需要が生じた）新型コロナのワクチンは無料だった．このように，政府が公共サービスを供給し，私たち住民がそれを需要する無料モデルの下では価格に基づかない「仕組み」が需要と供給を調整するしかない．だが，現実には運用者ごとに仕組みはさまざまある．こうした仕組み，つまりルールまたは制度の設計にアプローチするのが，近年，経済学で活発に研究されている「マーケットデザイン」という分野である．本章では，公共サービスを題材にして，代表的なルールを紹介しながら，マーケットデザインの考え方に触れたい．

1.1　公共サービスのルール

　私たちは日々の生活を送るなかでさまざまな公共サービスを利用している．例えば，引越し後に，市役所に行き住民票の登録をする．海外旅行に行く際にはパスポートを発行してもらう．車を運転するために免許証を発行してもらう．コロナ禍ではワクチンを接種してもらう．このための施設に行ってサービスを受ける．基本的に無料でサービスを受けられるが，すべての人に共通の事務手数料を支払う場合もある．

　財やサービスには，供給と需要がある．上記の公共サービスは，特定の一時点をみると，施設の大きさや事務員数などで供給量に上限がある．この上限，つまりサービスを提供できる最大の数を**定員**と呼ぼう．この公共サービス自体は，丸一日かかることは少なく，長くても数時間で終わるものが多い．一方，需要する主体は公共サービスを受けることを希望する人々や企業である．この人々や企業を**希望者**と呼ぼう．希望者は，それぞれ都合があり，好みの時間帯がある．

　まとめると，定員があり，時間のかかる公共サービスが供給されており，希

望者はどの時間帯がいいかについて選好（好み）がある．では，希望者をどの時間帯にマッチさせればよいだろうか．

希望者にはそれぞれ都合があり，公共サービスを受ける希望時間帯は異なるだろう．このような情報についてはサービス運営者を含めて第三者には本当のところはわからない．したがって，希望者にとって都合のよいようにマッチさせるには，希望者から時間帯の選好を聞き出す必要がある．希望者の選好を基にして，マッチさせる方法のことを**ルール**と呼ぶ．

世の中にはさまざまなルールが使われていて，ルールによって誰がどの時間帯にマッチするかが異なってくる．どのようなルールが望ましいかは，対象とする公共サービスの（需要量から供給量を引いた）混雑状況によって変わり，効率性・公平性・インセンティブ条件という3つの側面から判断できる．ざっくりいうと，効率性は無駄がないこと，公平性は誰も他の人に不満をもたないこと，インセンティブ条件とは有利にしようと情報を偽らないことである．この3つは基本的な判断基準であるが，これに直結する望ましさの基準（例えば，安全性など）を考慮に入れてもよい．以降の節では，代表的なルールを紹介しよう．

1.2 慣習的先着順ルール

慣習的なサービスの提供方法は，施設側がサービスを受けたい人々が来たときに，そのサービスを提供することである．先に来た人々からサービスが提供されることから，この提供方法は先着順方式である．ここでは，**慣習的先着順ルール**と呼ぼう．現在でも，市役所などで行われる地方自治体での転入届などで採用されていることが多い．サービス希望者がそれほど多くないときは，来た順に希望者がサービスをすぐに受けることができるため，希望者は満足し，効率性・公平性・インセンティブ条件の面からも特に問題は生じない．しかし，先着順でない場合には，先に来た人が後から来た人に追い越されて待たなければならず，不満をもち，不公平だと訴えるだろう．

一方，定員を超えるときは，希望者に待ってもらう必要がある．定員を超える希望者がいる状態を**混雑**という．この混雑にどのように対処するかが，ルールのデザインの肝になる．混雑の対処の仕方は，ルールによって異なる．例えば，先ほどの慣習的先着順ルールならば，遅く来た人に待ってもらい，その人々

は待ち時間を（ある意味）無駄に過ごさなければいけなくなる[1]．

慣習的先着順ルールでは，待っている人々は自分の優先権を保持するため，受付などサービス提供場所の近辺に待機しておく必要がある．これは不便なので，待ち時間を他に有効に（効率的に）使えるように，待機リストで管理するルールもよく使われる．これを**待機リスト付き慣習的先着順ルール**と呼ぼう．市役所，銀行，レストランなどでは，待機リストに自分の名前を書いたり，あるいは番号が発券されて，自分の番が来ると呼ばれたりする．最近の人気のレストランチェーンでは，スマホのアプリで自分の番号と待機リストを見ることができて，いつレストランに待機していればよいかがわかる．慣習的先着順ルールに比べると，待ち時間を有効に使える点で効率性の面で改善しているといえよう．しかしながら，混雑が酷くなると，これでは対処できなくなる．

待機リストの有無にかかわらず，慣習的先着順ルールでは，混雑が酷いときには施設の周辺が人で溢れかえり，交通渋滞が生じるなど，他のサービスを受けたい人々にも影響を与える負の外部性が生じてしまうという短所がある．

1.3　先着順予約ルールと転売

サービスを受けたい人が定員を大幅に超える混雑が起こす負の外部性に対処し，利便性を高めるため，最近ではオンラインによる予約システムを用いる公共サービスもある．例えば，日本のドイツ大使館のビザ申請のための来館予約システム，あるいはコロナ禍でのワクチン予約などがある．予約システムは，事前に公共サービスを受ける時間帯を決めるルールのことで，公共サービスを実際に受ける現場の施設では希望者数が定員以下になり混雑がなくなる．その反面，混雑は予約システムで生じるので，混雑の対処は予約システム上でのルールに移る．

典型的な予約システムでは，希望者が予約のサイトに行くと，カレンダーなどに空いている予約枠（時間帯）が表示されているので，自分に最も都合のよい予約枠を選んで，予約を取る．予約後にキャンセルできることも多く，キャンセルした場合にはキャンセルした予約枠に空きができて，その空き枠は他の希望者に利用可能となる．早く予約サイトにアクセスして選んだ人から予約枠が決まっていくので，このルールは先着順であることがわかる．すなわち，慣

---

[1] 市場メカニズムのルールであれば，価格が調整されて混雑がなくなることに注意しよう．

習的先着順ルールがオンライン上で実現したものといえる．前節でのルールと区別するため，これを**先着順予約ルール**と呼ぼう．

　一見すると，この先着順予約ルールはうまくいくように思える．ところが，この先着順という性格から混雑の際にさまざまな問題が生じる．1つ目の問題はアクセスの殺到である．先着順は早くサイトに来た人から予約枠が獲得できるので，スピード競争になり，予約開始時にサイトにアクセスしたいというインセンティブがすべての希望者に生じる．混雑が酷い場合は，予約サイトのサーバーがダウンして，誰もアクセスできなくなることもある．これは，コロナ禍でのワクチン予約の際に私たちが経験したことである．

　2つ目の問題は，転売である．転売は，施設で本人確認をする公共サービスでも生じており，世界各国の公共サービスで問題になっている．例えば，中東にあるドイツ大使館でのビザの面会予約は1枠当たり5万円で売られていることもある．なぜ転売が可能なのだろうか．これには先着順に起因するキャンセルと再予約の対応が鍵になる．転売屋（転売をする人）は，予約開始時に即座に偽名で大量に予約する．最終的には施設で本人確認があるにもかかわらずである．転売屋が予約できる理由は，オンラインの先着順ルールゆえに，予約開始時にボットと呼ばれる自動化プログラムを使って即座に予約を完結できるからである．ボットを使わない一般の希望者は，予約サイト上ではすべての枠が埋まっていても，SNS上では高い料金で枠が売られていることを知る．そして，購入したい希望者はSNSを通じて転売屋に連絡し料金を支払い，転売屋は偽名の予約枠をキャンセルする．すると，キャンセルされた枠が予約サイトに空き枠として表示され予約可能となり，転売屋は即座に顧客の名前で再予約して転売が完了する．

　そもそも，転売の何が問題なのだろうか．経済学では転売は売り手と買い手の双方が得をする取引であり，効率性を高めると考えられている．通常，転売は経済活動の原動力であり，促されるべきものである．一方で，公共サービスは無料なので，その利用に関しては平等であるべきという公平性を重視する．しかし，先着順の予約システムで起こる転売では，技術的に優位な転売屋が儲かり，無料の公共サービスを希望している人が料金を支払うことになる．つまり，希望者のなかでも金銭的に余裕のある者が予約しやすくなり，また転売屋が儲かるという不公平が生じてしまう．さらに，イベントチケット予約でファンクラブなどに優先販売する場合には，ファンクラブ用の席が一般客に渡り，ファン

クラブの人が悔しい思いをするという不公平性が生じる．さらに，効率性の観点からは，転売屋が捌けなかった予約枠が空席になり施設に誰も現れず，サービスを受けたい希望者が大量に存在するという，非効率な事態が生じる．まとめると，公平性を重視する公共サービスについては，転売により運用者が意図しなかった不公平と非効率性が生じてしまう．

1.4　二次流通市場を伴う抽選予約ルール

では，転売を防ぐ方法はあるのだろうか．予約を行う予約時点，そしてサービスを消費する直前の消費時点でのルールを同時に考慮する必要がある．しばしば転売対策の1つとして，消費時点での本人確認というルールがある．本人確認として，個人に紐づいた携帯電話や保険証など本人確認媒体を使うことが多いが，イベント入場時などの消費時点で本人確認媒体の貸し借りを通じて実際には転売が行われている．つまり，本人確認媒体では転売は防げないということである．転売防止には，生体認証など厳格な本人確認が必須である．

一方，予約時点でのルールを考えよう．先着順の問題の1つはスピード競争であるから，そのスピード競争をなくすことで転売が防げるのではと思われるかもしれない．例えば，抽選による方法は，ある一定期間に希望者に応募してもらい，期間終了後に応募者のなかからランダムに当選者を決めるルールである．抽選の下では，期間内であれば，応募者は同等に扱われ，また当選確率が同じなので，スピード競争をなくす．これは先着順予約ルールのアクセス殺到を回避し，混雑に対処する．

しかしながら，キャンセルと再予約対応を適切にデザインしない限り，厳格な本人確認をしても抽選では転売を防げない．キャンセルが起こった場合に備えて，通常，公式の交換の場として二次流通サイトが作られる．二次流通サイトではキャンセルによって空いた枠が提示されており，希望者は先着順で枠を入手できる．このルールを**二次流通市場を伴う抽選予約ルール**と呼ぼう．コンサートなどイベントのチケット販売は先着順で，キャンセルしたい希望者は二次流通サイトで定価以下の価格で枠を出品する一方[2]，買い手は定価で購入する．

この二次流通市場を伴う抽選予約ルールの下では，転売屋はできるだけ多く

---

[2] キャンセルしたい希望者は出品料金を支払うことが多く，結局は自分で購入した価格よりも低い価格で出品することになり，参加インセンティブが弱い．

の偽名で応募して予約枠を獲得し，二次流通市場で転売する．近年では，予約の際に本人確認のため個人に紐づいた携帯電話や保険証などの本人確認媒体が必要なときもあるが，転売屋は他人のものを事前に準備して応募する．そして，先着順予約ルールのときと同様に，SNS 上で取引をする．もちろん，この場合は，転売屋から購入した希望者は他人名義の枠を使って施設に行くことになるが，入場前に転売屋から本物の本人確認媒体を預かって入場して，入場後に転売屋に返却する．本人確認が顔認証など生体情報に基づいた厳格な場合は，この方法はうまくいかない．しかし，実際の取引の合意を SNS 上で行ない，二次流通市場で両者が示し合わせて特定の時刻にサイトにアクセスして，転売屋が出品すると同時に合意した買い手が購入して，転売の取引は可能となる．特に，他の売り手や買い手が少ない深夜の時間帯が実行可能性を高める．

したがって，二次流通市場を伴う抽選予約ルールは転売が可能であることから，先着順予約ルールと同様な非効率性や不公平性の問題が生じる．

1.5 転売を防ぐ抽選一括予約ルール

これまでの議論を振り返ると，転売は不可避に思える．しかし，2021 年に Hakimov, Heller, Kübler, and Kurino (2021) は転売を防ぐ予約ルールを発見し，理論と被験者実験により示した．このルールは**抽選一括予約ルール**と呼ばれる．

抽選一括予約ルールは，前節の二次流通市場を伴う抽選予約ルールと同様に，一定期間内に希望者に応募してもらい，期間終了後にランダムに当選者を決める．違う点は 3 つある．まずこの一定期間が複数あり，その期間ごとに抽選を行うことである．例えば，予約期間が 10 日間で，毎日応募者を受け付けてその日の終わりに抽選を行う．2 点目の違いは，二次流通市場を設けずに，キャンセルと再予約の対応を予約ルールのなかで行うことである．ある時点で過去の抽選の当選者がキャンセルした場合，そのキャンセルで空いた枠は次回の抽選に回される．3 点目の違いは，本人確認媒体ではなく，生体認証など厳格な本人確認を実施することである．

この抽選一括予約ルールは，どのようにして転売を防ぐのだろうか．応募は 1 回だけという条件を付ける．このルールには，生体認証など厳格な本人確認があり，二次流通市場もないため，希望者は自分の名前と生体情報で，予約ルー

ルに参加しないといけない．なぜなら，偽名で当選した希望者は，サービスを受ける際の生体認証で発覚して，サービスを受けることができないからである．また，各希望者の応募回数は1回だけなので，応募は自分自身で直接行うか，あるいは転売屋を通して自分の名前で行うかのどちらかで，2つを同時にはできない．このとき，自分自身で応募して当選する確率と，転売屋を通して当選する確率は全く同じになる．転売屋を使うと余計なお金がかかってしまうので，希望者には転売屋を使うインセンティブがない．希望者は自分で応募するのが面倒で代行として転売屋を使うこともありえるが，転売の需要はほぼなくなり，転売屋が儲けることが難しくなる．このようにして，転売が防止される．そして，転売に伴う不公平性や非効率性も解消される[3]．

1.6 適切な取引ルールとは？

これまで代表的なルールを見てきたが，取引ルールは無限に存在する．そして，ある1つのルールが万能というわけではなく，その市場特有の環境（特に，需給環境）によって適切なルールも異なるだろう．市場環境に応じて管理者が1つのルールを選べばよい．そのために管理者にとって必要なことは，第1に望ましいと思う目的を設定して市場環境や制約条件を特定すること，第2に目的と市場環境に合わせたルールをデザインすることである．この目的設定やデザインに役立つのが，効率性，公平性，インセンティブ条件の3つの基本的な判断基準である．世の中には多くの判断基準が存在するが，結局はこの3つに集約される．

前節まで議論した公共サービスの文脈でこのことを考えてみよう．管理者の目的は，公共サービスなので公平性を守りつつ，最大限の効率性を達成することとする．市場環境としては混雑の度合いがある．例えば，希望者の長い待ち時間を犠牲にして（効率性に目をつぶり），慣習的先着順ルールを採用することもあるだろう[4]．混雑がなかったり，それほど酷くないときは，管理者にかかる取引コストの観点から慣習的先着順ルールが適切だろう．混雑が少し目立つ

---

[3] ここでの転売防止が効果的なのは，耐久性をもたない財やサービスである．耐久性のある財は，もちろん長期間存在するので，予約においては転売行為を防げるかもしれないが，その後に転売する機会は豊富にある．

[4] 実際に，著者らが民間企業にインタビューした結果，転売に困っているオンライン予約から待機リスト付き慣習的先着順ルールに戻りたいという回答を得た．

てくる場合には，待機リストを加えることで対処できるが，混雑で待ち時間の上昇による非効率性が大きくなる．人気商品の発売やコロナワクチン接種に慣習的先着順ルールを適用した結果，長蛇の列で人々が待つことになったという新聞記事を読んだ人もいるだろう．このようなときに予約ルールの採用が視野に入る．

　制約条件として，例えば，混雑状況に応じてサービスを受け付ける担当者を調整して，受け入れることのできる希望者数，つまり定員を柔軟に調整できるようなことも考えられる．または，高齢者を優先するとか，ある地域の住民のみにサービスを限定するというのもあるだろう．

　管理者が目的を設定して市場環境や制約条件を特定化した後に問題になるのが，その目的に最も適うルールが何かということである．目的，そして市場環境や制約条件が同じ市場があるならば，そこで用いられているルールが参考になる．また，前節で議論したルールも選択肢になる．そこでは，予約ルールによっては転売が生じてしまうという問題があった．転売を許容するというのも管理者の選択肢であるが，転売の有無で効率性や公平性に影響が出る．目的，そして市場環境や制約条件が同じ市場がない場合は，新しくルールをデザインする必要が生じる．この場合でも代表的なルールとその特徴を知っておけば，管理者は好みに合うルールを制約条件に合わせた形でデザインすることができる．

　前段落で転売は効率性や公平性に影響を及ぼすと言及した．繰り返しになるが，一般に転売は経済活動の原動力である．転売される財の買い手と売り手は，双方が合意するから取引するのであり，双方とも得をするので，転売は効率性を高める行為である．一方で，公共サービスやイベントなどで問題になる近年の転売は，効率性は高めるものの，一部の技術優位な転売屋が儲かるという不公平性，そして管理者の目的に沿わないという問題が生じる．2018年にチケット不正転売防止法が施行されたが，転売は闇市場で行われており，発覚しなければ転売屋は儲かる活動である．つまり，転売屋が転売行為をするインセンティブの程度は，発覚されるかどうかにかかっている．転売行為をなくすためには，インセンティブを弱める必要があるが，そのためには転売行為を摘発する行政側に多大なコストがかかることを忘れてはならない．一般に，望まない行為を禁止するというルール自体も大事であるが，それを誘発しないようなルールをデザインすることも同様に大事である．

1.7 どうやってルールが実装されるか？

　ルールは1人で決められないことが多い．では，あなたがルールに何らかの問題があると確信して，デザインし直したいという希望をもっていたときに，どのように関わることができるだろうか．

　ルールを管轄する組織の責任者があなた自身である場合は，自分の思い通りにルールを作り実行すればよい．しかし，そのような場合でも，ルールが及ぼす影響範囲が広ければ広いほど，ルールを管轄する組織内で幾重にも慎重に検討される．

　典型的に，ルールを新しく導入する場合には，組織の責任者またはルールを所管する部門の責任者を中心に検討チームが組織内に作られる．検討チームでは，ルールの詳細を具体的にデザインする．理想的には，ルールに求める望ましい性質や制約条件を明らかにしてから，それらを満たすようなルールを現行のルールも含めていくつか考案する．その後，考案したルールが実際に予想通りに機能するかどうかを確認するために，被験者実験やフィールド実験をすることもある．これらの実験ができない場合は，シミュレーションなど計算機実験をすることもある．これらの結果を踏まえて検討チームで議論し，1つのルールを提案するだろう．そして，部門会議や組織全体の会議に協議事項として，そのルールの採用の是非が取り上げられて，（通常は多数決で）1つのルールが承認される．そして，ルールが承認された後に，実際に運用するための組織（実装チーム）が作られ，細かな事務作業が行われる．実装後には，ルールを運用するための組織（運用チーム）が作られ，運用のための作業が行われる．

　あなたがどのようにデザインに関わるかは，あなたがどのような立場にあるかで異なってくる．最初の大事なポイントは，組織や部門の責任者がその必要性を感じたときにデザインが始まるということである．ともすると，責任者はルールのデザインの必要性に気づいていないかもしれない．

　あなたが責任者でない場合を考えてみよう．さらに，あなたがルールを管轄する組織に所属していないとする．そのとき，あなたにできることは，自分自身で現行のルールを分析して，その問題点の大きさ，そして提案するルールの有効性を責任者に示すことである．このために，あなたに賛同する研究者と研究チームを作ることも選択肢である．その際，研究チームという立場で研究成果を査読付き学術雑誌で発表して分析の信頼性を高めて，一般向け雑誌やテレ

ビなどのメディア，あるいは SNS で発信することが効果的である．このような活動により責任者はルール変更の必要性に気づく可能性が高まる．

　他方で，あなたがルールを管轄する組織に属している場合は，責任者を説得する分析や作業は容易になるだろう．それでも，組織内での承認過程を通過しないといけないため，「自分が考えたルールが最善です」とエビデンスなしに主張しても採用されないだろう．自分の考えたルールが，どのように問題点を克服し，市場の参加者にどのような利点や欠点があるのか，他に代替的なルールの是非も議論して，組織内で合意を得なければならない．

　市場の取引ルールは，容易にみてとれるものではないが，そのデザインにより市場参加者は大きく影響を受ける．そして，デザインには専門性が要求される．ここに，実践的な制度を研究するマーケットデザインを学ぶ価値がある．マーケットデザインを学ぶことで，責任者もルール変更の必要性を認識できて，実装チームや運用チームに関わっている者も，現行ルールの問題点やデザインの方向性を理解でき，望ましいルールの実装と運用へとつなげていくことができる．

第 2 章
マーケットデザインという思想

　マーケットデザインという言葉が学術界で頻繁に見受けられるようになったのは 2000 年以降である．マーケットデザインというと，しばしばマーケティングの手法と誤解されることがあるが，実際には「理学」的側面の色濃い経済理論に「工学」的要素を融合した実践的な学問領域である．経済学にはさまざまな分野が存在する．ミクロ経済学，マクロ経済学，計量経済学などは多くの人が耳にしたことがあるであろう．学術的にはさらに細分化されており，経済学に関する学術論文の分類分けである AEA JEL classification ではマーケットデザインは D47 という番号が付されている[1]．しかしながら，本書ではマーケットデザインを特定の学術分野としては捉えず，むしろ思想として捉える．思想というと仰々しいが，一般的な学術分野とは異なるマーケットデザインの性格を強調し，経済学徒以外の多くの人の行動規範・思考基準となることを祈って，本書では思想という言葉を敢えて使いたい．以下では，マーケットデザインの考え方がいかに構築されたかを近年の関連する 3 つのノーベル賞とともに辿った後，思想としてのマーケットデザインを定式化する．

2.1 思想の根幹

　Roth (2002) が指摘するように，近年，経済学者には市場を分析するだけでなく，市場の制度を「設計」することが求められている．これまで経済学者は分析者としてさまざまな市場に適用できる一般性のある洞察を理論的に明らかにすることに取り組んできた．経済学がこれまで培ってきた概念や洞察は現実の問題に有用であることは論を俟たない．一方で，その一般性を重視する姿勢がために，現実の特定の市場が直面する困難を解決することには十分な情熱が注がれてこなかったかもしれない．しかし社会が発展し複雑化するに伴って特

---

[1] マーケットデザインに深く関わるマッチング理論は C78，オークションは D44 と，同列に区分分けされている．

定の市場の特定の問題を解決することも経済学者に求められることになった．そのため経済学者は設計者として工学的にも市場に情熱を注ぎ込むことになった．ここにデザインの経済学であるマーケットデザインが1つの学問領域として確立された．本章は，このマーケットデザインという概念を学問領域を超えた思想として定式化することを目的とする．

マーケットデザインを体系的に語る上で，「工学的」側面は重要なキーワードである．経済学はこれまで社会の望ましさやあるべき姿，その性質を明らかにしてきた．しかしそのような理想的な結果と市場を介して到達される結果は必ずしも一致しない．市場を介するということは，市場に参加する人々の思惑を考慮しなければならないからである．そのため，理想的な結果は，市場構造に鑑み，参加者の行動を予測して設計された制度が用いられて初めて達成されるものである．まずこのインセンティブ制御をした制度の設計が工学的側面の1つである．そして，現実の市場で実際に理想的な結果を導くためには，制度は概念的で理論的なだけでは不十分である．実際の具体的な手続きと結果の計算過程までもが設計されている必要がある．これがもう1つの工学的側面である．最後の工学的側面は，シミュレーションや実験・実証を通じた制度の精緻化である．このような考え方は，綿々と続く経済学の潮流の中で培われてきた．そしてこの流れの中を覗き込んでみると3つのノーベル賞が浮かんでくることがわかる．以下では3つのノーベル賞とともに，マーケットデザインのキーワードである工学的側面がいかに構築されたかを紐解いてみたい．

21世紀に入って，メカニズムデザイン理論，マッチング理論，オークション理論といったマーケットデザインに直結する3つの分野に対してノーベル賞が付与された．メカニズムデザイン理論は，ゲーム理論の応用分野の1つであり，インセンティブの制御を中心とした制度設計に関する理論である．その分析手法は概念的であり，マッチング理論やオークション理論と比べて抽象的である．そしてその概念は制度設計の土台となっている．マーケットデザインのデザインという言葉はメカニズムデザインに由来すると著者らは考えるほど，マーケットデザインの考え方に深く影響を及ぼす分野である．対して，マッチング理論とオークション理論というと，俗にマーケットデザインの同義語，または，マーケットデザインはこの2つの分野の総称のように扱われることがある．しかしながら著者らの考えは少し異なる．この2つの分野は現在のところマーケットデザインという思想を体現しているが，この2つをもってマーケットデザイン

とはいわないと考える．メカニズムデザイン理論と異なり，これら 2 つの分野は特定の市場の特有の問題に対して特注 (custome made) の制度を設計するという共通点をもつ．マッチング理論は従来の「人と財の配分」と異なり，「人と人の相互配分」も分析する．代表的なマッチング市場に研修医と受入先の病院の研修プログラムや生徒と小中学校のマッチである学校選択がある．そのような市場では「価格」が大きな役割をなさない．またオークション理論は，稀少な財（リンゴやミカンなどのいわゆるコモディティではない財）を対象とし，その財がどのように取引されるかを分析する．このような市場では需要者の行動が価格に直接的に影響を及ぼす．オークション理論では，周波数割り当てや公共事業，インターネット広告といった具体的な財の市場を対象にする．

2.1.1 メカニズムデザイン理論

2007 年のノーベル経済学賞は，「メカニズムデザイン理論の基礎構築」という貢献に対して Leonid Hurwicz, Eric S. Maskin, Roger B. Myerson に授与された．メカニズムデザイン理論では，まず最初に達成したい結果を設定する．そして，その結果を達成する制度の構築可能性を模索する．特に，インセンティブの制御に重きが置かれており，それはつまりどのようなゲーム理論の解概念で望ましい結果が達成できるか制度設計を通して明らかにすることである．Hurwicz は制度の可変性を唱え，主に競争市場における競争均衡がゲーム理論の解概念であるナッシュ均衡として達成できるかどうかを分析した[2]．Maskinは競争市場を含めたより一般の市場を考え，制度をゲーム理論の枠組みで定式化した．望ましい結果が制度を通してゲーム理論の解概念で達成されることを「遂行可能」であると定義し，ナッシュ遂行についてさまざまな結果を示した．Myerson は個人が他人の情報を知りえない不完全情報の下でベイズ遂行について重要な結果を残した．

それまでの経済理論では，市場の制度を所与として，どのような配分が達成されるか，それはどのような性質をもつか，が主として分析されてきた．一般的な入門レベルのミクロ経済学では需要量と供給量が一致するとき，それを市場均衡と呼び，その均衡における配分がどのような性質をもつかを学ぶ．そこでは財の価格を通じて需要や供給が決定される．そのような分析は一般均衡理

---

[2] ナッシュ均衡とは，どの参加者（プレイヤー）も行動（戦略）を一方的に変更するインセンティブがない状態のことをいう．詳しくは，第 3 章を参照のこと．

論と呼ばれ，価格を所与とした人々の合理的行動が市場でどのように集約されるかを分析する．このように，既存の経済理論では市場の制度は「所与」であるとしてきた．

メカニズムデザイン理論はその対極にある．メカニズムデザイン理論の最も重要な点は，どのような市場であれ制度を可変と考える点である．この「制度は可変である」とする考え方はマーケットデザインの思想の根幹をなす．これにより，制度設計者という視点が新たに加わった．これまでも政府など政策実行者という視点は存在したが，彼らはあくまで所与とした制度のなかで，可能な政策（税率の設定など）を行うという役割に留まっていた．制度とはより高次元の枠組みである．

それでは，マーケットデザインではなくメカニズムデザインで十分ではないか，と考える人がいるかもしれない．実際，この点についてはさまざまな意見が存在する．しかしメカニズムデザイン理論は抽象理論であり，著者らはマーケットデザインがメカニズムデザインに含まれるとは考えない（マーケットデザインがメカニズムデザインを包含するとも思ってはいない）．つまり，メカニズムデザインでいう制度とマーケットデザインでいう制度には歴とした「違い」が存在する．後述するが，マーケットデザインの思想の下で設計する制度とは，現実に明日から使える制度である．

2.1.2 マッチング理論

Alvin E. Roth と Lloyd Shapley は 2012 年に「安定マッチングの理論とマーケットデザインの実践」を理由にノーベル経済学賞を受賞した．マッチング理論は，マーケットデザインを代表する重要な分野の1つである．彼らは，マッチング理論の黎明期からその発展に多大な貢献があり，またその学術的知見を生かして現実のさまざまな市場を再設計することに成功した．

人と財や人と人を組み合わせるマッチングの環境は社会の中に多く存在する．一般に市場というと金銭の介在を想像するかもしれないが，マッチング理論は研修医マッチングや学校選択，臓器移植といった金銭が介在しない，金銭が配分に大きな影響を与えない，金銭の介在が倫理的に望ましくないような市場を分析の射程とする．

初期のマッチング理論の課題は，そのような市場で金銭を用いずに望ましい組み合わせを発見することであった．それまでは，金銭が介在しない市場にお

ける経済学の影響は小さく，慣習や伝統に従ったルールが使われてきた．そのようなルールの代表的なものに慣習的先着順のルールなどがある．しかし，そのような慣習や伝統に従ったルールが生み出すマッチングにはしばしば疑問が呈されていた．Roth はマッチング結果とアルゴリズムの関係性を歴史的に調べることで，マッチング結果に「安定性」というある種の公平性が欠けていることが問題の根源であることを発見し，それがルールに由来することを指摘した．

Shapley は David Gale とともにマッチング理論の金字塔となる deferred acceptance (DA) アルゴリズムを生み出した[3]．このアルゴリズムは安定的な組み合わせを発見できることに加えて，実践可能性も兼ね備えている．マッチング理論は Gale and Shapley (1962) を嚆矢として，理論と実践の両面から急速に発展していった．実際，deferred acceptance アルゴリズムをはじめとする理論的見地から Roth はアメリカの研修医マッチング制度やボストン市の公立学校選択制度の改革に携わった．また臓器移植において腎不全患者と腎臓の移植組み合わせをマッチング問題として捉え，腎臓交換アルゴリズムの理論と実践にも多大な貢献をしている[4]．

彼らは，実践可能性を重視するマーケットデザインの「工学的側面」をマッチング理論を通して体現した．アルゴリズムによってマッチング市場を設計し直すという方策は，これまでのミクロ経済理論と実社会との距離を大きく縮めることになる．

2.1.3 オークション理論

Paul R. Milgrom と Robert B. Willson は 2020 年に「オークション理論の発展と新しいオークション方式の発明」に対する貢献でノーベル経済学賞を受賞した．オークション理論はゲーム理論の 1 つの応用分野という枠を超えて，既存のミクロ経済理論により深い洞察と現実社会への理論の実践をもたらした．

慣習的な「オークション」は古くから取引手段の 1 つとして人類の歴史に根付いている．絵画であったり宝石であったり旧車であったり，場合によっては帝国（ad 193 ローマ帝国の皇帝位はオークションにかけられた）であったり，多くの財がオークションを通じて取引される．実際に，多くの読者が何かしら

---

[3] DA アルゴリズムは，受入保留アルゴリズムまたはゲール・シャプレイ (GS) アルゴリズムとも呼ばれることがある．
[4] 臓器移植マッチングに関する詳細は本シリーズのマッチング理論の巻を参考にされたい．

のオークションに参加したことがあることと思う．オークションにかけられた財はオークションの過程を通じて価格が決定する．

　経済学において価格は重要な役割を担う．なぜなら価格によって生産や消費が決まり，財の需給が決定するからだ．しかし，伝統的なミクロ経済理論においては市場を均衡させる価格の調整過程はブラックボックス（見えざる手）であった．これに対し，MilgromとWillsonは「価格がどのように形成されるのか？」という基本的な問いを出発点にして戦略性の観点からオークション理論を発展させた．

　初期のオークション理論では自然な仮定の下でオークション方式の細部はさほど重要ではなく，どのようなオークション方式も売り手に同じ利潤と買い手に同じ期待利得を生み出すことがわかっていた．これに対し，MilgromとWillsonは買い手間の情報に相関がある環境にまでモデルを一般化し，オークション方式の選択によって結果が異なることを示した．ここから，オークション方式の選択の必要性，すなわち制度設計の必要性が明らかになった．

　現在では，世界各国の政府の公共事業の入札や国債の入札においてもオークション理論の結果を反映させた方式が採用されている．また，民間企業においてもオークション理論は非常に重要視されており，有名なところでは，GoogleやInstagramなどでインターネット広告にオークション理論が応用されている．これらで使用されるオークション方式（民間企業が実際に使用しているオークション方式については予測）は，古典的で直観的なオークション方式とは必ずしも一致せず，オークション理論によって培われた知識を基礎に構築されていることに注目したい．オークション理論はマッチング理論同様，現実社会をミクロ経済理論を通して設計し直そうとする潮流の旗頭である．

　メカニズムデザイン理論が産み出した**制度の可変性**という発想を，マッチング理論とオークション理論は現実社会で実践している．マーケットデザインはこれらの分野に留まらず，その適用の場をさらに広げようとしている．本書では，このような背景を含めて，昨今マーケットデザインと呼ばれる思想を詳に紐解いていく．

2.2 思想の定式化

　前節からマーケットデザインの考え方の概観がなんとなく見えてきたように思う．マーケットデザインの対象となる市場は，既存の制度の下で不具合が起こっていたり，既存制度がうまく機能しているかわからなかったり，または新しい制度を必要とする市場である．マーケットデザインはメカニズムデザイン理論の概念を踏襲した「制度は可変である」という考えに依拠する．そのため制度設計者の視点で市場を覗き込むことになる．

　制度設計者は，まず第 1 に着目する市場の特徴を捉えた数理モデルを構築する[5]．現実の市場から不要な要素を捨象し，市場を構成する骨子のみを抽出することで，市場独自の構造や問題が容易に理解できる．そして，着目する市場の構造や問題を前提として，達成したいと考える望ましい結果を設定する．結果とは，市場参加者の誰が何を得るか，また金銭授受を考慮する場合は，さらに参加者間にどのような金銭移転があるか，をまとめたものを指す．同じ状況・設定であっても制度が異なれば，その結果も異なることに注意したい．そしてひとたび，望ましい結果が設定できたら，次にそのような結果を常に達成できる制度を設計する．ここで，設計される制度は社会実装可能なものでなければならない．

　本節ではこのようなマーケットデザインの思想の定式化を試みる．そのために，まず最初に本書が想定する世界を数理化し，経済用語を正確に定義する必要がある．

2.2.1 経済用語と数学表現

> 経済学者はある程度の数学者であり，歴史家であり，政治家であり，哲学者でなければならない．経済学者は数学表記を理解し，言葉で伝えなければならない．
>
> John Maynard Keynes[6]

---

[5] 他のアプローチでは既存のモデルに落とし込んで，既存の結果から示唆を得ようとする．そのような方法は，対象とする市場や問題が既存結果の枠内である限り有効である．しかし，そうでない場合にまで議論を拡張するのは真っ当とはいえない．元来，マーケットデザインが対象とする問題は，既存のアプローチがうまく当てはまらないような問題である．そのため，この最初のステップは非常に重要である．

[6] J. M. Keynes "Alfred Marshall, 1842–1924" *The Economic Journal*, Vol. 34, No. 135 (Sep., 1924) pp. 311–372.

ここまで著者らはあたかも当たり前のように「市場」や「制度」などの言葉を使ってきたが，これは辞書が意味する内容とは異なり，経済用語として使ってきた．経済学の難しいところであるが，Keynes の言葉にあるように経済学は分析ツールとして数学を使う一方で，解釈や説明したいことは「現実社会」である．つまり経済学者が想定する世界は数学モデルでしかない．そのため，よく知っている言葉を使用することは避けられない一方で，実際の意味は数学的定義をもっており，同じ言葉なのに誤解を生んでしまう．よって，今からマーケットデザインが想定する数学モデルとしての環境を導入していきたい．そして経済用語として「市場」や「制度」などを定義していく．

　「市場」とは，財やサービスを欲する需要者，そしてそれらを提供したい供給者が存在して，彼らが取引ルールに従って行動すると結果が出てくる箱のようなものである．一般に市場というと，そこには分析対象外のさまざまな要素や既存のルール，主観などが既に混じってしまっているが，経済学でいう市場とは単に分析対象の参加者と取引ルールである．マーケットデザインで対象にするような市場は，取引される「財」，取引する「人」の集合，そして取引ルールによって表現できる．現実社会において貨幣は他の財（リンゴなどのコモディティ）とは異なる性質をもつように扱われるが，経済学では貨幣も財に含む．

　「人」とは意思決定し，経済活動（消費，生産など）を行う基本単位であり，これを意思決定者（経済主体）と呼ぶ．一方，「財」は意思決定者に消費されることで何らかの便益（損失）を生むものである．本書では統一して人の集合を N と書き，財の種類を L と書き，財の（組み合わせの）集合を X と書く．N は（異なる意思決定者として）名前の付いた人を集めた集合で $N = \{1, 2, 3, \cdots, n\}$ や $N = \{$ ワタル, ユースケ $\}$ のように表記される．L は財の異なる種類を表し，$L = \{$ リンゴ, バナナ $\}$ のように表記される．X は $\ell \in L$ のそれぞれの量の組み合わせを表し，$X \subset \mathbb{R}_+^{|L|}$ である [7)8)]．

　意思決定者は財の（組み合わせの）集合に対して好みをもち，それを「選好」と呼ぶ．選好は X 上の二項関係で表現される．意思決定者 $i \in N$ の選好を R_i とするとき，2つの対象 x, y について，x は y と同等以上に好ましいことを xR_iy と表す．この表現を用いて対象に対する好みをさらに「厳密に好き」と「同等である（同じくらい好き）」と細分化することができる．xR_iy かつ $\neg(yR_ix)$ が

---

7) $\mathbb{R}_+$ は非負実数の集合を指す．
8) 意思決定者 $i \in N$ の考慮できる財の組み合わせの集合を特に X_i のように書くこともある．

成り立つことを「x は y よりも厳密に好ましい」といい，xP_iy と表記する[9]．xR_iy かつ yR_ix が成り立つことを「x と y は同等である」といい，xI_iy と表記する．

本書を通じて（一般的な経済学を通じて），意思決定者は任意の2つの財についてどちらが好ましいかを判定することができ，また好みが循環することはないと仮定する．これらの性質は，前者が完備性，後者が推移性と呼ばれる．

意思決定者 i の選好 R_i が完備性を満たすとは，すべての $x, y \in X$ について，

$$xR_iy \text{ または } yR_ix$$

が成り立つことである．同様に，R_i が推移性を満たすとは，任意の $x, y, z \in X$ について，

$$[xR_iy \text{ かつ } yR_iz] \text{ ならば } xR_iz$$

が成り立つことである．

本書では状況に合わせて，選好を2つの手法で表現する．1つはランキング方式，もう1つは得点方式である．

選好の対象が少なく，また同順位が存在しないような場合は，直接，対象を好ましい順番に並べたランキング方式を用いる[10]．意思決定者 $i \in N$ のランキング方式による1つの選好を P_i としよう．例えば3つの対象 a, b, c に対して，a が最も好ましく，b が次に好ましく，c が最後に好ましい，といった場合，

$$aP_ib, \ bP_ic$$

と書くのであった．これをまとめて

$$P_i : a \ b \ c$$

---

[9] "$\neg$" は否定を意味する．よって $\neg(yR_ix)$ は yR_ix が成り立たないとなる．
[10] 選好に同順位が存在しない性質を反対称性と呼ぶ．R_i が反対称性を満たすとは，任意の $x, y \in X$ について，
$$[xR_iy \text{ かつ } yR_ix] \text{ ならば } x = y$$
が成り立つことである．

と表すことをランキング方式という．財の数が少なく，また同順位が存在しないような場合は，ランキング方式の表現が便利である．

一方で，対象が多い場合（対象が2次元以上または連続的な場合）は，意思決定者の選好を関数で表現する．対象は数値で評価され，その大小によって好ましさを表現する．例えば，意思決定者 $i \in N$ はある1つの財の量 x_i について v_i という金銭的評価をしているような場合，その選好は財の量 x_i と金銭移転 p_i 上に定義され，

$$u_i(x_i, p_i) = v_i(x_i) - p_i$$

のように書く．このような関数形式で表された選好を効用関数と呼ぶ[11]．金銭移転 p_i は $p_i > 0$ ならば支払いを，$p_i < 0$ ならば受け取りを意味する．(x_i, p_i) が (y_i, q_i) よりも好ましいとき，

$$u_i(x_i, p_i) > u_i(y_i, q_i)$$

と書く．得点方式の利点は，一定の条件の下で解析学（微分・積分）が応用できることである．

一般に，選好表現は二項関係から導出されるので，u_i の数値は大小評価以外には意味はない．つまり数値が2倍になったからといって嬉しさが2倍になるということではない．しかし上記の効用関数に限定すれば，u_i の大きさは嬉しさの大きさを表現していると解釈できる．そして金銭移転の項は意思決定者間で共通の関数型をしているので，金銭移転は効用の移転と同じ意味をもつ．

任意の $i \in N$ について，上記の仮定（完備性と推移性）を満たすような選好の全体を $\mathcal{R}_i$ とする．そして，すべての意思決定者のすべての選好の組み合わせを直積を用いて

$$\mathcal{R} = \mathcal{R}_1 \times \mathcal{R}_2 \times \cdots \times \mathcal{R}_n$$

と書く．任意の $R \in \mathcal{R}$ について，意思決定者 i 以外の意思決定者の選好を R_{-i} のように書く．

経済学における意思決定者は方法論的個人主義に則って行動すると仮定する．つまり彼らは与えられた条件の下で自らの嬉しさを最大にするように行動する

---

[11] ここでは準線形と呼ばれるクラスの効用関数型を紹介している．

と仮定する．このような意思決定者を**合理的**と呼ぶ．誤解されることが多いが，合理的であることは利己的であることと同義ではない．もし選好が自らが得られる対象のみに定義されている場合，この意思決定者は利己的であると解釈することができるが，一方で選好が他人の得る対象も含んで定義されている場合は，この意思決定者は利他的であると解釈することも可能となる．合理性は，個人が選好と整合的に行動することだけを意味する．

次に市場における結果を定義しよう．市場における結果はさまざまな状況を捉えられるよう抽象的に集合 A と置く[12]．市場の結果は，制度設計者の視点から見た市場全体の帰結である．市場全体の帰結は，市場に参加する意思決定者に直接的，間接的に影響する．

具体例

入門レベルのミクロ経済学が扱うコモディティ市場であれば，市場の結果は財の個々人への配分のリストとして表される．市場にいる意思決定者 i に財をどのように分配するかを表した 1 つの配分を a_i とすると，

$$a_i \in X = \mathbb{R}_+^{|L|}$$

と書ける．この市場の意思決定者 i が自分がどれだけの財を消費できるかのみに興味がある場合，選好は $\mathbb{R}_+^{|L|}$ 上に定義されることになる．市場には $|N|$ 人の意思決定者がいるので，全体の配分（実現可能かは問わない）a は

$$a = (a_1, a_2, \cdots, a_{|N|}) \in X^{|N|}$$

と表現できる．

市場に存在する各財には限りがあるので，財の配分量の総和は市場に存在する財の総和以下となっていなければならない．このような配分は実現可能なので A と書く．もし市場にはそれぞれの財が 10 ずつしか存在しない場合，実現可能な結果の集合は，

---

[12] A は市場にいるすべての意思決定者への財の配分状況を表しているので $X^{|N|}$ の部分集合かつ市場の制約の下で実現可能なものの集合である．

$$A = \left\{ a \in X^{|N|} \,\middle|\, \forall \ell \in L, \sum_{i \in N} a_{i\ell} \leq 10 \right\}$$

となる．各財の配分の総和が市場に存在する総和以下となっているのは，市場に存在する財すべてを必ずしも全員に配分していない状況も許容するためである．例えば，ある財が 3 日経った生ゴミのような，すべての意思決定者が必要としない（受け取っても困る）場合などに該当する．

具体例

有名サッカー選手が記念試合で着用していたユニフォームをオークションにかける状況を考える．ユニフォームは 1 つしか存在せず，分割は不可能である．オークションであることから，ユニフォームの配分とともに，何らかの金銭移転が必要である．よって，このオークション市場の結果の集合は，

$$A = \left\{ (x, m) \in [\{0, 1\} \times \mathbb{R}]^{|N|} \,\middle|\, \sum_{i \in N} x_i \leq 1, \right\}$$

と書ける．意志決定者 i の配分 (x_i, m_i) は x_i がユニフォームの数を表し，m_i が金銭移転を表す．ユニフォームは分割不可能であることから，x_i は 0 か 1 しか取らず，また総和は 1 以下である．もし i がユニフォームを競り落とし，その際に 10000 円支払ったなら $m_i = -10000$ と表現する．ここでは，入札に参加した人のみの配分を結果として定義しているが，ユニフォームの売り手を参加者として含むこともできる．その際，売り手は支払額を受け取ることになるので，売り手の金銭移転は非負の数となる．

　ここまでで，市場とその構成要素が描写された．無論，加えて市場特有の構造や要求もあるが，それらは特定の市場に着目したときに適宜考慮していく．次に「結果の望ましさ」と結果の決定手続きである「制度」についてその差を明確にしながら定義する．結果は市場において何かしらの方法で決定される．その結果が意思決定者にとって（または社会的に）望ましいかどうかは，すべての意思決定者の選好の組み合わせ $R \in \mathcal{R}$ ごとに評価される．つまり，特定の

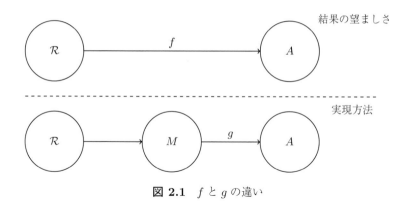

図 2.1 f と g の違い

望ましさは選好から結果への関数（対応）f として表現でき，

$$f : \mathcal{R} \to A$$

と書ける．特定の望ましさの概念については後述するが，対象とする市場ごとに制度設計者が考える「結果の望ましさ」は異なるので，都度デザイン方法を考えることが必要となる．

一方で市場で達成される結果は「制度」を通じて決定される．マーケットデザインにおける制度とは，意思決定者が自己の選好に鑑みて選択した行動を基に結果を決定する手続きである．意思決定者 $i \in N$ が選択できる行動の集合を M_i とし，すべての意思決定者の行動の組を $M = \prod_{i \in N} M_i$ とすると，制度とは，

$$g : M \to A$$

と書ける．ここで注意したいのは，両者とも結果への関数であるが，f が $\mathcal{R}$ に対して定義されている一方で，g が M に対して定義されている点である．

経済学が対象とする人間は嘘をつくことのできる存在である．つまり，真の選好が $R_i \in \mathcal{R}_i$ であっても，それをそのまま知らせてくれるとは限らない．当然，真の選好 R_i に照らし合わせて自分にとってよりよい配分を導くような $m_i \in M_i$ を選択する．その一方で，制度設計者には意思決定者の選好 $R \in \mathcal{R}$ は知ることができない．そのため，真の選好 R で評価した望ましい結果 $f(R)$ を R を知らないままに g を通していかに達成するかというのが制度設計の本質的問題である．マーケットデザインにおける制度設計とは，任意の $R \in \mathcal{R}$ に

対して $f(R)$ を達成する**現実に応用可能な関数** g をうまく見つけ出すことに他ならない．

2.2.2　マーケットデザインの思想

先にも述べたように，マーケットデザインは特定の分析手法を指すのではなく，理想的な結果を市場を介して達成しようとする考え方である．市場を介するとは，市場に参加する人々の行動やインセンティブを制度を通して制御することに他ならない．この制度を通した**市場との対話**を念頭にマーケットデザインの思想を定式化する．

マーケットデザインの思想

マーケットデザインとは，以下の【特定】→【目的】→（【確認】）→【方法】→【調整】の順に，着目する市場との対話を通じて真に望ましい制度を社会に提供しようとする思想である．

【特定】市場の特徴を捉えた**モデルを構築**し，**問題を特定**する．
【目的】達成したい**結果** f を明確に設定する．
（【確認】既存の制度が f を達成できるか確認する．）
【方法】その結果を導く**実践可能な制度** g を設計する．
【調整】設計された制度と現実の間に生じる**ギャップを埋める**．

繰り返しになるが，マーケットデザインとはあくまで思想であり特定の市場に対する特定のアプローチ方法ではない．上記の手順に従って，対象とする市場に必要な制度を創造しようとする試みは総じてマーケットデザインである．特に，現実社会において目的を実現できる制度の設計という観点は，制度は可変であるというメカニズムデザインの考え方に実践可能性を加えた，マーケットデザインの思想の本質といえるだろう．以下では，より具体的に定式化された思想の中身を順に説明していく．

マーケットデザインを実践する上で，制度設計者には大まかに2つの立場が存在する．1つ目は，新しく制度を導入する（できる）立場である．そのときは，上で示した手順に従って制度を設計する．2つ目は，既に何かしらの制度

が存在し運用されている上で，制度を再評価する立場である．その際は【目的】の後に【確認】という項目が追加される．【確認】では，先に設定した達成したい結果を既存の制度が理論的に達成できているかどうかを確かめる．もし【目的】を既存の制度が理論的に達成できているのであれば，【方法】はとばして【調整】に移ればよい．しかし，制度に対して何かを試みようとする時点で，既存の制度が何かしらの意味で感覚的にうまくいっていない場合がほとんどである．そのため，【確認】は「うまくいっていないという感覚」を数理的に明確化する作業に相当する．それが制度そのものの場合は【方法】から，モデルに起因する場合は【特定】から思想に沿って個々のステップを吟味することになる．

(1) 数理モデルの構築と問題の特定

マーケットデザインが必要とされる市場は，既存の制度の下で不具合が起こっていたり，既存制度がうまく機能しているかわからなかったり，または新しい制度を必要とする市場である．とりわけ，既存のアプローチではうまく対処できないような市場を扱うことが多い．それは，その市場に特有の性質があり，既存のモデルでは十分に反映できないことに依拠する．

モデルの構築というと理論分析をする限りは当たり前のことだと思われるかもしれない．しかしこの当たり前の作業が案外なおざりにされているかもしれない．そのため著者らはこの作業により注意を向けてもらうために【特定】を設けた．

モデルは，先に説明した市場の構成要素（参加者や取引ルール）と市場特有の構造や要求を数理的に描写したものである．市場特有の構造や要求とは，取引のタイミングであったり，参加者に課せられた制約であったり，（市場には登場しない）第三者の介入であったりする．それらを含めた市場の状況を（不要な要素は捨象して）うまく描写することが求められる．

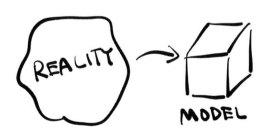

制度設計を考え始める時点では，市場の問題またはうまく機能していないという認識はあくまで言語的，感覚的なものかもしれない．モデルの構築は，この曖昧な部分を数学的に見える化する作業と位置付けられる．モデルがうまく構築されることによって，（潜在的な）問題または市場がうまく機能しない理由が理論的に特定される．問題がうまく顕在しないようなモデルは構築に失敗しているかもしれない．モデルの構築の重要性を理解するために，以下のチケット市場と転売のモデル化に関する具体例をみてみよう[13]．

具体例

人気のアーティストのコンサートチケットは手に入れるのが非常に難しい．このようなチケット市場ではしばしば転売が（感覚的に）問題とされている．初歩的なミクロ経済学を学んだことのある人は，この市場を分析する手法として部分均衡分析をすぐに頭に思い浮かべるであろう．すると，チケットに対する市場需要として需要関数，チケットの販売価格，そして特定の役割をもつ転売者を用意するだろう．そして転売者のできることとして，他の需要者よりも先にある割合のチケットを確保できると仮定するだろう．転売者はチケットを購入できなかった需要者に「彼らが払ってもよい価格かつ定価よりも高い価格」でそのチケットを販売する，とモデリングするであろう．

人気のあるコンサートチケットの供給量は一般に市場の需要量よりも少ない．そのため定価で買ってもよいと考える需要者がいるにもかかわらず購入できない状況になる．つまり，定価が市場均衡価格（需給が一致する価格）よりも低く，超過需要が発生しているため，この市場は均衡状態にはない．簡単化のためにチケットに対して払ってもよいと考える価格（評価額）が高い人から，市場にあるチケットを購入できるとしよう．すると，転売者がいない場合，評価額の高い人から順にチケットと同数までがチケットを定価で購入できることになる．転売者がいる場合，転売者はチケットを購入できなかった人に評価額が高い人から順にその評価額で販売していくことになる．

---

[13] ここでは，あくまでモデル化の重要性を例を用いて説明するに留める．現在のところ意見が一致した「転売モデル」というものは著者らが知る限り存在していない．ここでのポイントを考慮に入れた分析モデルの構築が求められる．

結果，チケットを購入できる人に変化はない．

評価額と支払った額の差を消費者余剰と呼ぶ．またチケット販売収入とコンサートにかかる費用との差を生産者余剰と呼ぶ．また転売者が得る利鞘を転売者余剰と呼ぶ．余剰は，市場での取引の結果から，それぞれ対応する参加者が得する（損する）部分を金銭評価したものであり，社会厚生を測る1つの指標である．部分均衡分析は余剰分析に適している．ではこの2つの状況で余剰を計算するとどうなるであろうか．上記の仮定の下では，市場にいる3者の余剰の和は変わらない[14]．転売者の有無は余剰の配分だけにある．このように分析して市場の総余剰（3者の余剰の和）の観点から「転売は悪ではない」と主張することもあるだろう．または「転売は配分の問題でしかない」といってしまうかもしれない．著者らはこのような安易な既存理論の転用に強く反発する！

部分均衡分析は，需要量と供給量を基に市場を均衡させる「価格」を分析することを目的としている．その上で，余剰を用いて社会厚生を測る．当該の市場では，チケット価格は定額で需要量に対して変化しない．さらにチケットの供給量は一定であり，常に超過需要（ある価格の下で需要量が供給量に勝っている状態）が発生している．そのような場合，価格を上げることで需要量と供給量が一致するまで調整が働く，というのが部分均衡分析から得られる示唆である．つまり，高い価格を支払える人が財を得られるという，至極真っ当な経済原理である．

マーケットデザインの思想に従って，この市場をモデル化しようとした場合，いきなり部分均衡分析に当てはめようとすることは愚策かもしれない．まず，この市場の特徴である「チケット価格は定額」に設定されている理由をよく吟味しなければならない．すると，この市場では価格の調整によって社会厚生を上げることよりも重視されていることがみえてくる．チケット販

---

[14] 定価に対して超過需要が発生しているので，仮にチケット購入できる需要者は抽選で選ばれると考えることもできる．すると，転売がある場合の消費者余剰と転売者余剰の和が，転売がない場合の消費者余剰よりも大きくなることがある．つまり転売を許容すると市場の総余剰が（転売がない場合よりも）増えることになる．しかしこの場合，転売者が需要者に先んじてチケットを確保できるとする仮定と齟齬が生じてしまう．
ここで重要なことは，どのような仮定を置くかではなく，余剰のみに着目してモデルを構築している点である．加えて，この市場における「望ましさ」は（社会）余剰だけなのか，という点もある．

売者，またはその背後にいるアーティストには，チケット価格を定額にしたい理由がある．それは，「より多くの人にチケットを供給したい」ということかもしれない．すると，この市場ではある種の公平性がチケット販売結果に求められているかもしれない．そして，そのような考えにはそれ相応の感情論を超えた経済的効果があるのかもしれない．だとすれば，それらを分析できるモデルを構築しなければならない[15]．このように考えると，上述したような典型的な部分均衡分析で十分なモデルが構築されたといえるであろうか．

著者らであれば，まずこの市場に関するステークホルダー（利害関係者）たちを明らかにすることから始めるだろう．転売の効果がチケット購入の場だけに影響するのではなく，音楽業界に影響する（かもしれない）とみるならば，コンサートに関連したグッズなど（中長期的な）音楽業界への影響も考慮した，もう少し広い音楽市場として分析を試みるであろう．なぜならば，チケットの需要者と転売者を（わざわざ転売に着目しているのだから）隔てる必要があるからだ．チケットの需要者はチケット購入に加えてグッズ購入を行うことで音楽市場の持続に寄与するのは想像に難くない．これ以外にもモデル構築の上で考慮する重要な点はいくらもあるが，ここでは割愛する．

このように，対象とする市場の特性をよく掴んだ上でモデルを構築しなければ十分な分析はできない．そしてその市場がうまく機能していないかもしれないという直観的な認識（ともすると，それは問題ではなかったという理解）を数理的に明確にできない．すると，その後のすべてのステップにおける分析が矮小化してしまうかもしれない．よって，モデルの構築には十分に注力する必要がある．

あくまで経験則であるが，経済学を学んだことのある人はしばしば当該の状況を既存モデルに落とし込み，既存結果から示唆を得ようとする．経済理論の汎用性は論を俟たないが，すべての状況を既存モデルで描写できるわけではない．また個々の市場に特有の問題にまで解決策をもっているわけではない．それにもかかわらず（著者らには無理やりにみえる）議論の展開を行う人もいる．

---

[15] ここで注意したいのは，公平性を市場の目的としているかはわからないし，そうあるべきだといった主張をしているわけでもない．あくまで市場の特性を反映できるモデルでなければならないことを主張している．

著者らはこのような安易な経済学の応用に警鐘を鳴らす．マーケットデザインはむしろ特定の市場の特定の問題をカスタムメイドな方法で解決しようとする．これがマーケットデザインが思想である所以である．

(2) 達成したい結果

　市場を俯瞰する存在（為政者など）は，その市場における「望ましい結果」を想定していることが多い．例えば，それは市場における正当な競争の保障であったり，不公平性の排除であったり，アファーマティブアクション（積極的差別是正措置）の尊重であったりする．マーケットデザインでは，制度設計者がそのような望ましい結果を（本当に達成できるかどうかは別として）自由に設定してよい．マーケットデザインは市場ごとの「望ましい結果」を達成すべく制度を設計するが，異なる市場でも共通して，経済学で既に定義されている規範的性質を「結果」に含むことが多い．それは，第1章でも紹介されたパレート効率性（単に効率性とも呼ぶ）であったり，正当な羨望が存在しない公平性である．またオークション実施者の利益の最大化なども含むことができる．

　経済学を学んだことのない人は，望ましい結果という言葉を聞くと，個人の望ましさの延長にあるものを考えることがある．しかし経済学における望ましさとは資源の分配に対する尺度である．そのため，経済学的な望ましさの感覚を理解しないことにはマーケットデザインの知見を生かすことが十分にできなくなる．例に挙げた3つの性質のうち，利益の最大化は容易に理解できるだろ

うが，パレート効率性や公平性については具体的な例をふまえて概念の理解を促したい[16]．ここで，望ましい結果として，複数の望ましい性質を保持することを求めても構わないことに留意しておきたい．

最初にパレート効率性を紹介する．パレート効率性は経済学全体で配分に関する最も重要な性質の1つに数えられている．マッチング理論やオークション理論においてもパレート効率的な結果を導く制度の設計を1つのゴールとすることは多い．「ある結果がパレート効率的であるとは，誰の嬉しさを下げることなく誰かの嬉しさを上げることのできる実現可能な別の結果が存在しないこと」である．一見すると何をいっているかいまいち掴めないかもしれないが，以下の具体例を用いてパレート効率性とは何かを理解してみよう．

具体例

おやつの時間に1枚のピザと2本のコーラをワタルくんとユースケくんの兄弟に分けようとする状況を考える．ワタルくんは固形物を食べることのみが嬉しく，ユースケくんは流動物を飲むことのみが嬉しいとする．実現可能な結果は，ワタルくんとユースケくんに与えたピザとコーラの総和がそれぞれ1枚と2本以下になるようなすべての配分である．このとき，ワタルくんに1枚のピザを与え，ユースケくんに2本のコーラを与えるのはパレート効率的な配分となる．なぜなら，2人ともが最も嬉しい状況を達成する配分になっているからである．一方で，ワタルくんとユースケくんにピザを半分ずつとコーラを1本ずつ与えるのはパレート効率的ではない．なぜなら，ワタルくんはコーラを失っても嬉しさは変わらず，ユースケくんはピザ半分を失っても嬉しさは変わらないので，ワタルくんのコーラをユースケくんのピザ半分と交換した状況が2人の嬉しさをさらに大きくするからである．

では，ワタルくんとユースケくんの選好がピザとコーラ両方があればあるほど嬉しいという場合（2人ともピザ $k \in [0,1]$ 枚とコーラ $2k$ 本は常に等しい嬉しさであるとする）はどうであろうか．このとき，ワタルくんにすべ

[16) 稀に「パレート効率性と公平性は一般に両立せず，むしろこの2つはトレードオフの関係にある」と認識されていることもあるが，両立する場合もある．そのためこの2つを同時に満たす結果を望ましい結果とすることもできる．

てのおやつを与えるという配分を考えてみよう．この配分はパレート効率的である．なぜなら，ユースケくんの嬉しさを増やすためにいくばくかのピザとコーラを与えようとすると，ワタルくんのピザとコーラをその分減らさなければならなくなる．するとそのような新しい配分の下では，ユースケくんの嬉しさは増える一方でワタルくんの嬉しさは減ってしまう．ワタルくんにすべてのおやつが与えられている配分に対して，いかなる実現可能な他の配分もワタルくんの嬉しさを減らすことになるので，ワタルくんにすべてのおやつを与えるという，一見，不公平な配分もパレート効率的な配分となるのである．では2人にピザ半分とコーラ1本を与える配分はどうであろうか．この配分もパレート効率的である．では2人にピザ $\frac{1}{4}$ 枚ずつとコーラを $\frac{1}{2}$ 本ずつ与える配分はどうであろうか．この配分はパレート効率的ではない．なぜなら余ったピザとコーラを2人に適当に配分すれば2人とも嬉しさを増やすこと（少なくとも1人の嬉しさを減らさずにもう1人の嬉しさを増やすこと）ができるからである．

この例からパレート効率性に関するいくつか重要な点が示唆される．パレート効率的な結果とは市場にいる意思決定者全員の選好に依存して決まるということ，パレート効率的な結果は複数存在することである．また選好に関する自然な仮定として「配分される財は多ければ多いほど嬉しい」場合には，パレート効率的な結果は資源を余すことなく使い切ることも示唆する．よって，パレート効率性は非常に弱い最低限の要求といえる．逆にいえば，パレート効率性を満たしていない結果は必ず誰かの嬉しさを損なうことなく誰かを今よりも改善できる状態にある．一方で，パレート効率性は平等性のような基準とは全く関係がないことにも注意しておきたい．

次にマッチング理論における中心的概念で公平性の1つである安定性を紹介する．「ある結果が安定的であるとは，その結果から逸脱しようとする人々の思惑が一致することがない」ことをいう．マッチング環境における結果を定義することは財の配分ほど容易ではないので，正式な定義は第4章に預ける．この概念も一見すると何をいっているかいまいち掴めないかもしれないが，以下の具体例を用いて安定性とは何かを理解してみよう．

> ### 具 体 例
>
> 　架空の村に2人の女A, Bと2人の男C, Dがいるとする．A, Bにはそれぞれ許嫁としてC, Dが定まっており，村長によって4人の男女はそれぞれの許嫁と結婚することを命じられた．ここで，AがCと結婚し，BがDと結婚するという状況はこの市場の結果の1つである．しかし，実のところAとDは密に心通じ合っていたとする．つまり，Aは許嫁のCよりもDを好み，同時にDは許嫁のBよりもAを好んでいる．このとき，村長の命じる結果は安定的であろうか．この結果を安定的と呼んでしまうとあまりにも情緒がない．実際，2人の男女AとDは駆け落ちしてしまうかもしれない．定義に従うと，この結果は安定的ではない．なぜなら，AとDには既存の結果から逸脱したい思惑があり，その思惑が一致しているからである．
> 　一方で，Aは許嫁Cに満足しており，Dの横恋慕である場合を考える．つまりAはDよりもCを好む一方でDはBよりもAを好む．このとき，村長の命じる結果は安定的となる．Dには逸脱する思惑があるが，そのような思惑が一致する相手がいないからである．一方通行の恋を無理やり成就させなければならない社会的要請はないのである．

　結果が安定的である場合，その結果が参加者による逸脱（結果を受け入れず，履行しない）によって崩されることはない．それは参加者全員が安定的な結果を納得できる結果と考えられるからである．これをもって，安定性はある種の公平性を反映する概念とされる．

　望ましさの概念は，上述したように制度設計者が原則自由に設定できるゴールなので，対象とする市場ごとにさまざまな望ましさが存在する．「望ましさ」という言葉から絶対的なものを想像してしまいがちであるが，制度設計者がその市場において重要であると考える性質がマーケットデザインでいう望ましい性質に対応する．実践上，経済学では定義されていない性質を「望ましさ」に求める場合については第7章を参考にされたい．いずれにせよ，マーケットデザインは，まず最初に望ましい結果を明確に定義して設定することから始まる．

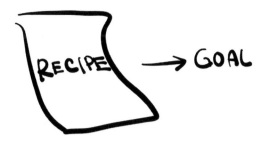

(3) 実践可能性

制度設計者はまず達成したい望ましい結果（目的）を設定する．次にその結果を市場で達成することのできる制度を作らなければならない．このとき，マーケットデザインの工学的側面を最も色濃く反映しているのが，作った制度が「実践可能」であるということである．そもそもいかなる結果でも達成できるとは限らず，達成する制度を設計できるかどうか自体が学術分野としてのマーケットデザインの研究対象である．モデルの構築にも関連するが，市場には必ず何かしらの制約が存在する．それは法律であったり市場独自の基準であったりと，市場よりも上位の概念によってできることは限られているかもしれない．また可能性の面では技術革新などによる制約の緩和もありうる．これらは当然考慮されるべき点である．しかしここでは一旦，何かしらの設定された結果が達成できると仮定して，実践可能性が制度に要求する特性を説明する．

実践可能性は主に以下の3つの特性を満たすことを指す．1つ目は戦略的頑健性，2つ目は計算可能性，3つ目は簡素さである．

A) 戦略的頑健性

制度は前述した通り制度設計者の視点で作られるものなので，意思決定者の選好を所与としない．いい換えると，制度は市場参加者がいかなる選好をもっていてもうまく機能する必要がある．制度自体は，意思決定者の行動に対して結果を定めるものである．意思決定者の選択できる行動が選好表明である（$M_i = \mathcal{R}_i$）最もシンプルな場合を考えよう．そのとき，いかなる行動組 R に対しても，その下での望ましい結果 $f(R)$ と同じ結果を導く制度 g（つまり $g(R) = f(R)$）であれば十分であるといえるだろうか．制度設計者は意思決定者の真の選好を知りえないため，直接的に彼らが嘘をつくことを禁ずることができない（もしくは，嘘をついたかどうかを確認するすべがない）．したがって，意思決定者 i

は馬鹿正直に真の選好 R_i を表明するよりも，嘘の $R'_i \neq R_i$ を表明した方が得をする状況にあれば嘘をつく．すると次のような問題が発生する．各インプット R に対して望ましい結果 $f(R)$ を定めるだけの制度 g では，嘘のインプットで評価した望ましい結果 $f(R')$ が得られることになる．達成したい結果は，真の選好で評価した望ましい結果 $f(R)$ であるから，一般に嘘の選好表明 R' の下で得られた結果 $g(R') = f(R')$ は R の意味では望ましくない．それゆえに，意思決定者が合理的である場合，嘘をつく可能性があることを念頭に入れて制度 g は設計されなければならない．

このような選好を所与として行動が選択でき，さらに達成される結果がそれぞれの意思決定者の行動に相互依存している状況をゲームという．そして，ゲームにおいて合理的な意思決定者が他の意思決定者の行動を想定して自らの嬉しさを最大にする行動を選択することを戦略的であるという．ゲーム理論はこのような相互依存する状況において意思決定者の行動を分析する．制度をゲームとして捉え直すと，意思決定者は選好表明という行動を戦略的に選択するとみなすことができる．そして一般に社会的な（制度設計者が求める）望ましさと意思決定者個人にとっての望ましさは一致しないので，制度設計者は望ましい結果を達成するために，意思決定者のインセンティブをうまく制御しなければならない．ゲーム理論の詳細は後述するので，ここでは戦略性に関する最も重要な概念を簡単に説明する．

「$M = \mathcal{R}$ であるような制度 g が strategy-proof (SP) であるとは，他の意思決定者がいかなる行動を選択しようとも，真実を表明することが最適となる」ことである[17)18)]．もし制度が SP であれば，意思決定者が合理的である限り真実を表明することを促すことができる．逆に，制度が SP でないとすると，他の意思決定者の行動によっては嘘をつくことが自分にとってよりよい結果を導けることになる．制度設計者の目的は望ましい結果を達成することであり，戦略性までを加味すると，設計する制度 g には望ましい結果を導くことに加えて SP であることが求められる．ただし，SP という性質は戦略的に操作不可能であることを意味するので非常に望ましいが，それゆえにこの性質を満たすこと

---

17) SP は耐戦略性または戦略的操作不可能性とも呼ばれる．
18) 第 3 章のメカニズムデザインの節でより詳しく説明するが，この SP という性質は，望ましい結果を定める関数 f の性質である．しかし $M = \mathcal{R}$ かつ f が関数である場合には，$g = f$ とした制度を考えることで，あたかも g の性質とみなすこともできる．

はなかなかできない．そのため，分析したい状況によっては望ましい結果と SP を両立させる制度がそもそも存在しないこともある．ゲーム理論に関する解説で説明するように，ゲーム理論には他にもさまざまな戦略的解概念が存在する．制度設計者は必ず SP となる制度を設計しなければならないわけではなく，市場の性質や状況に応じてもう少し弱い戦略的解概念に目標を変更することも対応手段の 1 つである．いずれにせよ，制度設計の過程において意思決定者の戦略性を考慮することは不可欠である．

B) 計算可能性

制度設計者が思案する市場は一般に多数の意思決定者が参加している．小規模な市場として扱われる学部の研究室配属であってもある学部に所属する 1 学年の学部生と教員が参加することになるので参加者は 200 人を下回らないことが多い．より大規模な市場として扱われる大学入試では数十万人の参加者が存在する．そのため制度 g は単なる関数というよりは，アルゴリズムとしても表現できなければならない[19]．そして，参加者すべての選好表明をインプットとして，対応する結果を実際に計算しアウトプットしなければならない．そのとき，抽象理論で可能なことでも実際には機能しないことがしばしば発生する．例えば，制度の中に「無限」の概念が使われているとアルゴリズムは終了しないかもしれない．実践上，アルゴリズムの計算量は多項式時間であることが求められる．アルゴリズムが多項式時間であるとは，アルゴリズムの計算量が市場規模を表す変数に対して，その変数の多項式の形で表現できることである．もし多項式時間でない場合，例えば指数時間になっていると市場の規模に対してアルゴリズムの計算量は爆発し，現在の計算機（コンピュータ）では計算に悠久の時が必要となる．

具体例

ある財の配分を人々の表明した選好に従ってアルゴリズムが計算する状況を考える．配分を計算する上で，財は意思決定者の集合上に優先順序をもつ

---

[19] アルゴリズムはインプットからアウトプットを得るための一連の手順である．

としよう．優先順序は必ずしも反対称性を満たすとは限らず，異なる意思決定者に対して同順位を許容するものとする．アルゴリズムはそのような同順位をそのまま計算することはできない．そのため，アルゴリズム内または事前に同順位を分解する必要がある．そのとき，新しくできる反対称性を満たす優先順序は何種類か存在する．もしそのうちのどれかが確定的に採用されるのであれば，そもそも同順位は本質的ではなくなる．つまり，同順位が本質的である場合，同順位を分解して得られるすべての反対称な優先順序について考える必要がある．このとき，そのような優先順序はどれだけ存在するであろうか．ある財において 100 人が同率で最も高く順位付けされていたとする．すると，同順位を分解した上位 100 人の順位のパターンは

$$_{100}P_{100} > 10^{90}$$

存在する．10^{90} という数は計算量が爆発しているというのに十分な数である．実際，これだけの回数アルゴリズムを回すことは計算機科学的に不可能である．一方で，同順位が本質的である状況は経済学では多数存在する．その際，望ましい結果を多項式時間で計算できるアルゴリズムを模索することが求められる．

オークションにおいても計算可能性問題は同様に発生することがある．オークションでは複数の買い手の入札額に対して価格を決定する必要がある．このとき，ある財が 1 つだけでなく複数あり，また買い手は複数個の組み合わせに入札する場合，入札額の組み合わせは莫大な数となり計算量が爆発する．マッチングやオークションだけでなく，マーケットデザインの思想に則って分析される問題においては，計算可能性は潜在的に常に存在する問題である．

ともすると，このような点はいわゆる「経済学」の範疇ではないと思えるかもしれない．しかし，現実社会に制度を導入することを念頭に置くマーケットデザインの思想の下では，上述した通り計算可能性は制度設計において当然考慮すべき点となる．

C) 簡素さ

実践上，制度の「簡素さ」も重要なポイントの 1 つである．制度の簡素さと

は，意思決定者に制度の仕組みが容易に理解できるものであることをいう．もし制度があまりにも複雑なため，理解が難しい場合，理論的に想定される結果と異なる結果が導かれてしまう．制度が容易に理解できるかどうかは参加者の能力にも依存するので判断が難しい．実際，簡素さについては，いまだ正式な定義というものは存在しない．しかし経験則からわかっている要件もある．それは，選択できる行動をシンプルにすることである．例えば，意思決定者が選択できる行動を，オークションでは「金額」を提出することに，マッチングでは「選好のランキング」を提出することに設定することである．当たり前のように感じるかもしれないが，意思決定者の行動を限定することは，制度設計の自由度を損なうことにもなるので，制度設計者にとっては重い要求かもしれない．

簡素さが欠如していると，戦略性とは異なる負の効果が生まれてしまう．その1例として，制度が複雑なため意思決定者が内容を理解できず，どう戦略的に動けばよいかわからないからランダムに行動する，という現象がある．このような状況が発生すると，戦略的に嘘をつくことと同様に，望ましい結果を達成できなくなってしまう．戦略的に嘘をつく場合は，嘘をつくことで得をできることがわかった上で嘘をつくが，ランダムな行動の場合は，損するかもしれない行動すら取っているかもしれない．このような，理論からは推測できないような，しかし現実に起こりうる問題は，制度設計後の議論とも密接に関連している．

本項の最後に，簡素さとSPの関係について少し触れておきたい．戦略的頑健性の項においてSPの重要性に触れた．理論的にはSPな制度を求めることは正攻法であり，SPな制度が設計できれば一件落着である．一方で，現実と理論とのギャップとしてSPには限界があることが知られている．「真実表明が最適である」ことのよさは，合理的な意思決定者であれば真実表明すると想定できることにある．簡素さとの関連でいうと，もし表明行動が煩雑である場合，例えば，選好ランキングが非常に長い場合，現実には真のランキングの一部までしか提出しない意思決定者が存在することが観測されている．実際，日本の新卒就活市場では企業数が莫大なため長い選好ランキングが必要になる．つまり，市場規模が大きくなると，選好ランキングの提出というシンプルな行動が，もはやシンプルではなくなる．このような場合，SPな制度であっても簡素さの欠如によりうまく機能しないこともある．制度の簡素さを担保するために，選好ランキング提出以上にシンプルな構造を能動的に組み込むことが要求される

であろう．

　実践可能性について最後に触れておきたいことは，マッチング理論とオークション理論がことさらマーケットデザインを代表していると強調される理由が，この実践可能性を満たした制度設計に成功している点にある．実践可能性を満たしているということは，マッチングやオークション環境においては，すぐに実践できる理論が用意されているということである．次章ではこの2つの理論の根底にある戦略性と制度に関する基礎知識として，ゲーム理論とメカニズムデザイン理論を概説する．その後，2つの理論をメインに捉えたマーケットデザインの応用理論を概説する．

(4) 制度設計後の調整

　マーケットデザインは，上述したような制度を設計したら，はい終わり，というものではない．設計された制度を実際に使うまでにはいくつかのハードルが存在する．ここでは実践のための学問的ハードルに言及する．それ以外のハードルについては第7章を参照されたい．

　理論的に望ましい制度が設計できたとしても，制度に参加するすべての意思決定者が，理論が想定するほど「合理的」であるとは限らない．合理性の欠如にはさまざまな理由が存在するが，それらを事前に定型化することで，より実践に適した制度の再設計が可能になる．これが実装前の現実とのギャップの調整である．そのために経済実験による確認とプラットフォーム設計は重要である．

A) 経済実験・フィールド実験

　制度がひとたび策定された場合，そこにはアルゴリズムがあり，コンピュータにプログラムされているはずである．そこで，小さな社会（実験室）を作り出し，そのプログラムを用いて人間（被験者）に実際に参加してもらうことで，理論とのギャップを見出すことができる．このような作業を経済実験と呼ぶ．実験と聞くと，マッドサイエンティストによる人体実験のようなものを想像する人がいるかもしれないが，経済実験は至って安全である[20]．

---

[20] ここで主張したいことは，経済実験が人間の選択行動を主とした分析対象としている，ということである．経済実験以外の実験を危険だと主張するつもりは一切ない．すべての実験は，大学の倫理規定に則った第三者による倫理委員会の審査を経た上で行われる．

B) プラットフォーム設計

インターネットの登場により，さまざまな取引がプラットフォームで行われるようになってきた．プラットフォームでは，本や電化製品の売り買い，中古品の売り買い，ホテルや航空券の予約などがウェブサイトや専用アプリで行われる．典型的に，プラットフォーマーと呼ばれる事業者がいて，取引の場が提供され，財やサービスの売り買いが行われる．ここでの取引ルールは，プラットフォーマーによってデザインされ，実装・運用される．単に，財やサービスの取引のみに関わるルールだけでなく，取引を安全にするようなルール，トラブル対応解決のためのルール，決済システムのルールなど幅広い．プラットフォーマーは，プラットフォーム上での参加者の行動データも容易に取得することができる．このデータを生かして，レビューやお薦めを参加者に表示するが，これらはネットワーク効果と呼ばれ，参加者が増えれば各参加者にとってプラットフォームの価値が上昇する．例えば，ある本のレビューを誰かが書くと，他の参加者は購入を検討する財についてよりよく知ることができて，追加的な便益を得る．ネットワーク効果はプラットフォーム成功の鍵として認識されている．

プラットフォームはさまざまなルールから構成される制度と考えられる．1つのルールでもその表現（ユーザー・インターフェース）はさまざまであり，参加者が容易に認識して行動できる簡素さが求められる．また，プラットフォーム上の参加者の行動は容易にモニタリング可能であり，行動データからルールの目的が達成されているか検証して，再設計への機会が生まれる．

制度の再設計を行い十分に準備が整った後，制度は社会実装される．実装後の利点は，さまざまなデータ（個々の意思決定者の実際の行動，個々の意思決定者の社会的背景，アルゴリズムの結果など）が新しく得られることにある．マーケットデザインを実践する上で，制度設計者には実装後までを想定に入れた大きな絵を描いておくことが求められる．そのために，実装前にも十分なデータを収集しておくことが肝要である．

社会実装後には，さらに現実とのギャップが明らかになることがある．大前提として，制度への参加者の真の選好を知ることは誰にもできない．ではどのようにして制度を評価すればよいのであろうか．ここで実装前と実装後のデータが役に立つ．実際に制度が機能しているかどうかを確認するためには，データを用いた実証分析が必須である．

C) 実証

　実際に制度が実装されて運用が開始されると，その制度の下で意思決定者はさまざまな行動をする．この行動データを収集すれば，実装した制度 g が達成したい結果 f を実際に達成しているかを検証できる．もし達成したい結果が得られていないならば，どのような現象が原因なのかもデータから推論できるだろう．そうすると，統計的側面からも制度 g を改善する手がかりが見つかる．理論と実証のバランスをうまく取ることで，よりよい制度設計が可能になる．

第3章 マーケットデザインの基礎理論

　人間は意思をもっている．そして人間の行動はその意思に従って選択される．マーケットデザインだけでなく，現在の理論経済学（主としてミクロ経済学）はインセンティブを考慮した理論を構築する．経済学が人間を対象とする以上，インセンティブの問題は無視できない論点である．これは他の科学分野と比較してより重要視される点である．そのようなインセンティブの学問としてゲーム理論があり，制度設計への応用にメカニズムデザイン理論がある．本章では，マーケットデザインを理解するための必要最低限の基礎理論としてゲーム理論とメカニズムデザイン理論を直観的に紹介する．

3.1　ゲーム理論

　社会においては，人の行動選択は他人の行動と相互に依存し合っている．身近なところでいうと，狭い道を歩いているときに前から他人が歩いてくるとき，右に避けるか左に避けるか行動選択に迫られるような状況すら，前から歩いてくる他人の行動に依存して結果が異なる．右に避けたとき，前から歩いてくる他人が左に避けると，お見合いすることになり，歩くことを阻まれてしまう．このような相互の行動に依存して結果が決まるような状況を分析する手段としてゲーム理論がある．より複雑そうに見える社会も，このような行動の相互依存関係の集まりに過ぎない．

　結果が行動の相互依存関係によって導かれるということは，人は行動選択ができるということである．そして選択があるということは，何かしらの基準によって行動を選ぶことになる．前の章でも触れたように，人は合理性を選択の基準にすると仮定する．すると，人は合理的に自らにとって最も望ましい行動を選択することになる．そのような選択がその人の真の選好に一致していないこともある．そのようなとき，その人は嘘をついたことになる．よって，嘘をつくという行動そのものには悪い意味はない．ただ人は自分にとって最も望ま

しい行動を選択したに過ぎないからである．ここでいう合理性は，前の章で導入した定義に従うもので，人の本質として，このような合理性が備わっているとはいっていないし，合理性という言葉自体にも数学的定義以上の意味はないことに注意されたい．

ゲーム理論には大まかに協力ゲームと非協力ゲームという2種類のアプローチ方法がある．両ゲームともに理論的枠組みは，John von Neumann と Oskar Morgenstern による著書『ゲーム理論と経済行動』において構築された．その後，John F. Nash Jr. によって非協力ゲームにおける中心的な解概念（いまではナッシュ均衡と呼ばれる）が発見された．マーケットデザインにおいては，2つのゲームの枠組みが有用であり必要である．例えば，戦略的頑健性に関しては非協力ゲームの方法が有用であり，結果の望ましさに関しては協力ゲームの概念を利用することがある．

本章では，非協力ゲームの理論的枠組みを概説する．目的は，マーケットデザインに必要な戦略性に関するメカニズムデザイン理論の導入のための最低限の知識の提供である．協力ゲームについては，理論的枠組みの説明を省略するが，達成したい結果に求める性質として協力ゲームの概念に触れることになる．非協力ゲームや協力ゲームのより詳細な説明は本シリーズのゲーム理論の巻を参照されたい．

3.1.1 非協力ゲームの枠組み

結果が人々の行動の相互依存関係から導かれる状況を戦略的環境という．そのような環境において，人々が取りうる戦略を数学モデルとして表したものをゲームという．ゲームの参加者（戦略的環境における意思決定者）は慣習的にプレイヤーと呼ばれる．個々のプレイヤーは他のプレイヤーとは独立に行動を選択する．ゲームの結果はすべてのプレイヤーの行動に依存して決まる．それぞれのプレイヤーが結果から得られる嬉しさを利得と呼ぶ．このように，結果がすべてのプレイヤーの行動に依存するようにモデル化することでプレイヤー間に相互依存関係があることを表現できる．

戦略的環境またはゲームの環境は，一般に4つのタイプに分類される．1つの側面はそれぞれのプレイヤーが他のプレイヤーやゲーム環境に関する情報をどれだけ知っているか，もう1つの側面は，行動のタイミングが同時か逐次的か，である．

各プレイヤーが他のプレイヤーやゲーム環境に関する情報をすべて知っているとき，ゲームは情報完備であるという[1]．プレイヤーがお互いの情報を知っていたとしても，相手の行動は予測するしかないことに注意しよう．また情報完備とは，ゲーム内のプレイヤーがお互いの情報を知っているだけで，ゲームの外にいる制度設計者には情報（主としてプレイヤーの真の選好）は観察できない．ゲームが情報完備ではない場合を情報不完備ゲームと呼ぶ．情報不完備ゲームにおいては，プレイヤーはゲームの情報や構造を完全には知りえない．特に，他のプレイヤーの選好を完全には知らない状況は現実によく観察される．本書は，制度設計者の視点で市場を眺めることに重点を置いているので，全体を通して情報完備ゲームのみを考える．

もう1つの側面として，行動のタイミングがある．プレイヤーが行動するタイミングが同時である場合を戦略型または同時手番ゲームと呼ぶ．一方で，あるプレイヤーが他者の行動を観察してから行動を選択できる場合を展開型または逐次手番ゲームと呼ぶ．2つのゲームの違いは，実際の行動のタイミングの差ではなく，他者の行動を観察できるかどうかによって峻別されることに留意したい．例えば公共入札において，ある期日にA社が入札し，次の日にB社が入札したとしても，B社がA社の入札額を知りえない場合は，戦略型となる．戦略型ゲームは展開型ゲームの特殊ケースである．マーケットデザインが対象とする現実の制度の多くは，中央集権的に情報を集めて結果を導き出すので，本書では戦略型ゲームのみを扱う．

2つの側面は直交するので，ゲームは以下のように4つのタイプに大まかに分類できる．4つのタイプは数学構造として独立というわけではなく，右は左を包含し，下は上を包含することに注意しよう．

	手番	
情報	情報完備戦略型ゲーム	情報完備展開型ゲーム
	情報不完備戦略型ゲーム	情報不完備展開型ゲーム

---

[1] プレイヤーが他のプレイヤーの情報を知っているというとき，プレイヤーは単に他のプレイヤーの選好などに関する情報を知っているだけでなく，他のプレイヤーが十分に思考できることも知っていることをいう．後者を**共有知識**という．詳細は本シリーズのゲーム理論の巻を確認してほしい．

(1) 戦略型（同時手番）ゲームの環境

プレイヤー間に相互依存関係がある場合において，同時に行動を選択する状況を数学的に表現してみよう．繰り返しになるが，ここで「同時に」というのは時間的な意味として同時というわけではない．相手の選択した行動を知る前に，自らの行動を選択することを「同時に」と表現している．

このような状況は，以下のように簡素に表現される[2]．

$$[N, S, (u_i)_{i \in N}]$$

- N：プレイヤーの集合
- S_i：プレイヤー i の戦略集合
- S：戦略集合，$S = \prod_{i \in N} S_i$
- u_i：プレイヤー i の利得関数

$$u_i : S \to \mathbb{R}$$

具体的な例に沿って，戦略型ゲームを定めてみよう．

具体例

狭い道をワタルくんとユースケくんが異なる方向から歩いてくる状況を考える．それぞれは，右に避けるか，左に避けるか，を選択しなければならない．よってワタルくんとユースケくんはプレイヤーであり，それぞれの戦略集合 $S_{ワタル}, S_{ユースケ}$ は

$$S_{ワタル} = \{\text{右に避ける}, \text{左に避ける}\}$$
$$S_{ユースケ} = \{\text{右に避ける}, \text{左に避ける}\}$$

---

[2] 簡単化のため本項では，プレイヤーの選べる行動集合をそのまま戦略集合として定義する．一般的なゲーム理論の本においては，確率的な行動を許すため，戦略集合は行動集合上の確率分布として表現されることが多い．このような確率的な行動を混合戦略と呼ぶ．そして，ある行動を確率 1 で選択することを特に純粋戦略と呼ぶ．この言葉を使うと，本書における非協力ゲームの戦略集合は，純粋戦略のみの集合として定義される．

となる．よって戦略集合は，

$$S = \underbrace{\{右, 左\}}_{\text{ワタルの戦略集合}} \times \underbrace{\{右, 左\}}_{\text{ユースケの戦略集合}}$$

となる．ワタルくんとユースケくんの利得は，自分自身の行動だけでなく他人の行動にも依存するので，S 上の関数となる．ワタルくん，ユースケくんのどちらも道を進むことを目標とする．すると利得は，互いにうまく避けられた場合の方がぶつかってしまう場合よりも高くなる．よって

$$u_{\text{ワタル}}(右, 右) = u_{\text{ワタル}}(左, 左) > u_{\text{ワタル}}(右, 左) = u_{\text{ワタル}}(左, 右)$$
$$u_{\text{ユースケ}}(右, 右) = u_{\text{ユースケ}}(左, 左) > u_{\text{ユースケ}}(右, 左) = u_{\text{ユースケ}}(左, 右)$$

となる．折角なので，うまく避けられた場合は利得を 1，ぶつかった場合は利得を 0 としておこう[3]．これによりゲームが定まった．よりゲームを身近に感じるために，上記のゲームを表にして以下のように「見える化」することもできる．このような表は一般に利得表と呼ばれる．

ワタル \ ユースケ	右	左
右	1,1	0,0
左	0,0	1,1

ここで，利得表の中のベクトルは各プレイヤーの利得を表している．慣習的に，左側の数字は戦略が行で表されたプレイヤー（ワタルくん）の利得，右側の数字は戦略が列で表されたプレイヤー（ユースケくん）の利得である．注意しておきたいことは，利得表はゲームそのものではない．ゲームを見える化したに過ぎない．つまり，ゲームによってはこのように表現できない場合もある[4]．よって，このような表記はあくまでも理解の助けでしかないことを肝に銘じなければならない．

---

[3] 確率的な行動を許さない場合は，利得の数字そのものには大きな意味はない．利得の大小のみが重要となる．
　ここでいう，確率的な行動とは，予定として「ある行動」を取る確率であり，行動そのものを確率的に混合した新しい行動を指すわけではない．行動が実際取られる際は，ある行動を確定的に取っているという意味である．

[4] 例えば，プレイヤー数が 4 人以上のときや，戦略の数が無限にあるときなどは，ゲームを利得表で表現することはできない．

さて、ゲームを一旦定式化できたので、ゲームにおいてどのような行動が選択されるかを考えていきたい。まず合理的な人々が選択するであろう行動から考えてみよう。その上で、そのような行動の組み合わせを「解」として定義していく。

(2) 最適反応

ゲームの環境では、プレイヤーの利得は他のプレイヤーの行動にも依存する。しかし、他のプレイヤーの行動を制御することはできないので、プレイヤーにとって選択できる行動は、自らの行動を定めることだけである。では、プレイヤーはどのように自らの行動を決めるのであろうか。これは、非常に難しい問題である。それは他のプレイヤーがどのように行動するかを予測しなければならないからである。この点だけに関しても非常に多くの研究がなされているが、本節では、シンプルに相手の行動に対して最も利得が高くなる行動に着目し、それぞれのプレイヤーが同様に考えることを仮定する。

プレイヤー i が他のプレイヤーの戦略を $s_{-i} \in S_{-i}$ と想定するとき、自らの利得を最大にするような行動（戦略）を**最適反応**と呼ぶ[5]。プレイヤー i の最適反応の集合は対応 $BR_i : S_{-i} \rightrightarrows S_i$ で表され、

$$BR_i(s_{-i}) = \arg\max_{s' \in S_i} u_i(s', s_{-i})$$

と定義する[6]。ここで矢印が2本あるのは、複数の要素を許容する対応を表す[7]。

上記の例に立ち戻って最適反応対応を求めてみると、$i \in \{$ ワタル, ユースケ $\}$ について

$$BR_i(右) = \{ 右 \}$$
$$BR_i(左) = \{ 左 \}$$

---

[5] 第2章において選好の組を定義した場合と同様に、s_{-i} の " $_{-i}$ " は i 以外のプレイヤーを意味する。

[6] "arg max" は、関数 u_i を最大化する要素を表す記号である。いま $u_i(s', s_{-i})$ は s_{-i} を所与とした i の戦略に依存した関数として扱っているので、$\arg\max u_i(s', s_{-i})$ は S_i の中で u_i を最大にする S_i の要素の集合である。

[7] 狭義に「関数」が2つの集合の要素と要素を結び付けるのに対して、「対応」は片方の集合（定義域）の要素ともう片方の集合（値域）の複数の要素（部分集合）を結び付ける。

となる．ワタルくんとユースケくんは対称な状況に置かれているので最適反応対応は同じである．

この最適反応対応を用いて，分析者が予測する行動の組み合わせ（とその結果）である「解」を定義していく．

3.1.2 支配戦略均衡

ゲームが与えられたとき，最適反応対応からプレイヤーは他のプレイヤーの行動に対して最も利得の高くなる行動（複数あるかもしれないが）を定めることができる．このとき，稀にプレイヤーにとって他のプレイヤーの行動にかかわらず，特定の行動が最適となる場合がある．つまり，最適反応対応が常にある特定の戦略を含んでいる場合である．そのとき，プレイヤーはどのような行動を選択すると考えるのが妥当であろうか．いまプレイヤーは自分の利得を最大にしたいので，そのような行動が存在するならば，その行動を選択すると考えるのが自然である．

このように，他のプレイヤーの任意の戦略に対して，あるプレイヤーの特定の戦略が他の戦略よりも高い利得を導くとき，この戦略を**支配戦略**と呼ぶ．ここで，相手のすべての戦略に対して，他のどの戦略よりも厳密に高い利得を導く場合を強支配戦略と呼び，同じ利得も許容する場合を支配戦略と本書では呼ぶ[8]．

戦略 s_i がプレイヤー i の支配戦略であるとは，すべての $s'_i \in S_i$ とすべての $s_{-i} \in S_{-i}$ について

$$u_i(s_i, s_{-i}) \geq u_i(s'_i, s_{-i})$$

となることである[a]．

[a] 不等式が厳密である場合が強支配戦略に対応する．

最適反応対応を用いると，

---

[8] 厳密に高い利得を導く場合を支配戦略，同じ利得も許容する場合を弱支配戦略と呼ぶ場合もある．

$$\bigcap_{s_{-i} \in S_{-i}} BR_i(s_{-i})$$

が空でないならば，この集合に含まれる任意の要素が支配戦略となる．この留意点からもわかるように，支配戦略は存在しないこともあるし，複数存在することもある．上記の例においては，$i \in \{$ ワタル, ユースケ $\}$ について

$$BR_i(右) \cap BR_i(左) = \{ 右 \} \cap \{ 左 \} = \emptyset$$

なので，どちらのプレイヤーにも支配戦略は存在しない．

　支配戦略は非常に強い解概念である．それは，他のプレイヤーの戦略にかかわらず自らの他のどの戦略よりも高い利得を導くため，ゲーム的状況に置かれながらも，あたかもプレイヤーの個人の意思決定で決まるからである．そのため支配戦略は存在しないことの方が多い．しかし，存在する場合は，その戦略を取るであろうと確信に近い予測ができるとも考えられる．

　もしすべてのプレイヤーにとって支配戦略が存在する場合，すべてのプレイヤーは支配戦略を選択すると考えられる．すると，その支配戦略の組み合わせがゲームの結果となると予測しても問題ないであろう．そのような組み合わせをゲームの1つの解として，**支配戦略均衡**と定義する．

定義　戦略の組 s が支配戦略均衡であるとは，すべての $i \in N$ について，s_i が支配戦略であることをいう．

　支配戦略均衡の予測の強さを感じるために次のような例をみてみよう．

具体例

　アスカさんとリョーケンさんが共謀して重大な犯罪を犯した．いま，2人は拘束されて「別々に」取り調べを受けている．2人が犯人であるという決定的な証拠は見つかっておらず，自白のみが有力な証拠になる状況を想定する．2人は対称的な状況に置かれており，それぞれ自白するか，黙秘することが選択できる．行動に対する結果は，次のようなものである．

- お互いに自白すると，2人ともが罪に問われ，懲役8年となる．
- 片方が自白し，もう片方が黙秘すると，自白した方は恩赦により懲役1年，黙秘した方は主犯として懲役15年となる．
- お互いに黙秘すると，証拠不十分のため重大な犯罪では罪に問えず，軽犯罪により2人とも懲役3年となる．

別々に取り調べを受けている状況は，行動のタイミングは異なったとしてももう一方の行動を知る前に行動を選択することになるので，同時手番であることに注意したい．

2人とも懲役は短い方がよいので，利得は懲役年数にマイナスを付ければ十分である．以上によりゲームが確定する．このようなゲームは一般に「囚人のジレンマ」と呼ばれている．以下は，このゲームを見える化した利得表である．

アスカ \ リョーケン	自白	黙秘
自白	$-8, -8$	$-1, -15$
黙秘	$-15, -1$	$-3, -3$

2人がともに黙秘すれば合計で6年という懲役で済む一方で，それ以外の選択は合計で16年の懲役となることに注意したい．2人はこの状況を理解しているとして，合理的な行動選択はどのようなものになるであろうか．それぞれの最適反応対応を求めてみよう．相手が自白を選択した場合，黙秘してしまうと自分だけが主犯として15年の懲役になるので，自白するのが最適である．一方で，相手が黙秘した場合も，一緒に黙秘して3年の懲役になるよりも，相手を売って恩赦を得た方が得であるので，結局，自白が最適である．よって最適反応対応は，任意の $i \in \{$アスカ, リョーケン$\}$ について

$$BR_i(\text{自白}) = \{\text{自白}\}$$
$$BR_i(\text{黙秘}) = \{\text{自白}\}$$

となる．これより，任意の $i \in \{$アスカ, リョーケン$\}$ について

$$\bigcap_{s_{-i} \in S_{-i}} BR_i(s_{-i}) = \{\text{自白}\}$$

となる．よって，各プレイヤーにとって「自白」を選択するのが支配戦略となる．よって，唯一の支配戦略均衡はお互いに自白してしまい，互いに8年の懲役に服することとなる．
　一緒に犯罪を犯してしまうくらいであるから，きっと2人には友情のようなものが存在するのだと勘ぐってしまう．それゆえに，このような状況では互いを信じて黙秘するのが人情（ドラマティック）であると思いたいのであるが，無情にも合理性は友情に勝るようである．

　上記の例では支配戦略均衡は1つしか存在していないが，（本書で定義する）支配戦略均衡は一般に複数存在する．どの支配戦略均衡がプレイされるかは，非常に難しい問題なので本シリーズのゲーム理論の巻を参考にしていただきたい．
　制度設計の観点からは，支配戦略均衡は参加者の行動を予測する上で非常に役立つ．もし達成したい結果を導く制度が，参加者の自発的な選好の表明であった場合，真の選好を表明することが支配戦略となるような制度を設計できれば，そのような制度は達成したい結果を実際に達成できることになる．制度の戦略性の関係については次節のメカニズムデザイン理論でより詳しくみることになる．

3.1.3 ナッシュ均衡

　前項において，支配戦略均衡を定義した．支配戦略均衡は強い解概念である反面，存在するかどうかは疑わしいことにも触れた．特に，プレイヤーにとっての最適な行動が相手の行動によって変わる場合，支配戦略は存在しない．では，このようにより相手の行動に依存した状況においては，どのような行動がプレイヤーたちによって取られると予測すればよいのであろうか．
　行動の予測として，ある行動の組に一旦到達したら，そこから誰も行動を変えることのないような組みを考えることはそこまでおかしなことではないだろう．プレイヤーたちが行動を選択したのちに，その行動を変えられる機会が訪れたとしよう．もし他の人の行動を所与として，行動を変えることで利得を上げることができるのであれば，そのプレイヤーは行動を変えるかもしれない．しかし，そうでない場合は誰も行動を変えないだろう．
　Nashは，このような一旦選ばれると，そこから誰も行動を変えないような行動の組を均衡として定義した．それが現在でいうナッシュ均衡である．

> **定義** 戦略の組 s がナッシュ均衡であるとは,すべての $i \in N$ とすべての $s'_i \in S_i$ について,
> $$u_i(s_i, s_{-i}) \geq u_i(s'_i, s_{-i})$$
> となることである.

実際にナッシュ均衡を求めるとなると,最適反応対応を用いることになる.最適反応対応を用いてナッシュ均衡をいい換えると,戦略の組 s^* がナッシュ均衡であるとは,

$$s^* \in \prod_{i \in N} BR_i(s^*_{-i})$$

となることである.つまり s^* という戦略の組が最適反応対応の直積の不動点となっていることを意味する[9]. よって,ナッシュ均衡では誰も一方的に戦略を変更するインセンティブがないのである.

> **具体例**
>
> 最初のすれ違いの例に立ち戻ってみよう.このゲームでは支配戦略均衡が存在しないことを既に示した.では,ナッシュ均衡はどうであろうか.このゲームにはナッシュ均衡が存在する.それぞれのプレイヤーの最適反応対応を思い出してみると,$i \in \{$ワタル,ユースケ$\}$ について
> $$BR_i(右) = \{\,右\,\}$$
> $$BR_i(左) = \{\,左\,\}$$
> であった.これより
> $$(右, 右) \in BR(右) \times BR(右) = \{\,右\,\} \times \{\,右\,\}$$

---

[9] 一般に,ある $y \in Y$ が対応 $f : Y \rightrightarrows Y$ の不動点であるとは,
$$y \in f(y)$$
が成り立つことである.

$$(左, 左) \in BR(左) \times BR(左) = \{ 左 \} \times \{ 左 \}$$

なので,戦略の組 (右, 右) と (左, 左) はナッシュ均衡である.いずれかのナッシュ均衡がプレイされると,2人は衝突することなく軽く挨拶しながら颯爽とすれ違えるので,両者とも(ナッシュ均衡から)行動を変えることはない.

例からわかるように,ナッシュ均衡も一般に複数存在する.そして,どのナッシュ均衡がプレイされる(と予測される)かは,支配戦略均衡のそれ以上に非常に難しい問題である.

ナッシュ均衡に慣れるために,もう1つ例をみてみよう.以下の例では戦略が無限に存在している.

具体例

2つの企業 A, B がある財を市場に供給している状況を考える.この財の市場には2つの企業しか存在せず,2つの企業の生産量の和が市場の供給量 y となる.市場には無数の需要者が存在しており,この財の価格 p に対して需要量 x が決定する.市場の需要関数は

$$p = a - bx$$

で表される.それぞれの企業は y_i だけ財を生産する.よって市場供給量は $y = y_A + y_B$ を満たす.財の生産に対して2つの企業は同じ費用関数 $c(y_i)$ をもっており,

$$c(y_i) = cy_i$$

で表される.いま市場への財の供給はこの2つの企業のみによって決定されるため,それぞれの企業の利潤 π_i は

$$\pi_i = (a - by)y_i - cy_i$$

と表される.それぞれの企業は利潤を最も大きくすることを目標とするが,

利潤はお互いの生産量に依存している．よって，このような状況は戦略型ゲームとして表現できる．まとめると

- $N = \{A, B\}$ プレイヤーの集合
- $S_A = [0, +\infty), S_B = [0, +\infty)$ 戦略の集合
- $\pi_A(y_A, y_B), \pi_B(y_A, y_B)$ 利得

となる．

次にそれぞれの企業の最適反応対応 BR_i を求めてみよう．2つの企業は対称なので企業 A についてだけ求めよう．最適反応対応は，相手の戦略を所与としたときに自らの利得を最大化する戦略だったので，

$$BR_A(y_B) = \arg\max_{y_A \in [0, +\infty)} \pi_A(y_A, y_B)$$

となる．最大化の一階条件は，

$$a - c - by_B - 2by_A = 0$$

となるので，最適反応対応は

$$BR_A(y_B) = \left\{\frac{a - c - by_B}{2b}\right\}$$

となる．$BR_A(y_B)$ および $BR_B(y_A)$ は図3.1のように描ける．

2つの企業の最適反応対応は $(y_A^*, y_B^*) = \left(\frac{a-c}{3b}, \frac{a-c}{3b}\right)$ においてのみ

$$(y_A^*, y_B^*) \in BR_A(y_B^*) \times BR_B(y_A^*)$$

を満たす．よって，(y_A^*, y_B^*) という生産量の組がナッシュ均衡となる．

この例は「クールノー競争」というモデルで，このゲームのナッシュ均衡は「クールノー均衡」とも呼ばれる．

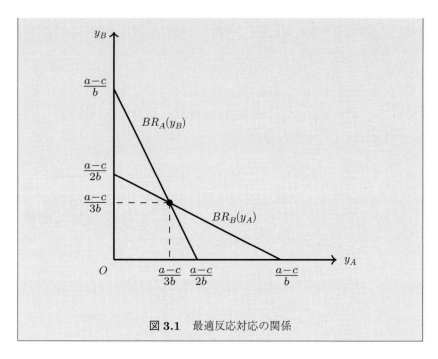

図 3.1 最適反応対応の関係

　ナッシュ均衡の定義式だけみると，支配戦略均衡と似ていると考える人がいるかもしれないが，自分以外のプレイヤーの行動が，s^*_{-i} に固定されていることに注意しよう．支配戦略では，他のプレイヤーの行動もすべて変化することも考慮した上で，上式が成立することが必要であった．ナッシュ均衡では，ある行動の組だけに着目し，他のプレイヤーがその行動に従ったときに，自分も従うことが最適であることのみを要求している．

　2 つの均衡概念には関係があり，実際に以下の定理が成り立つ．

> **定理** 戦略の組 s が支配戦略均衡ならば，s はナッシュ均衡である．逆は成り立たない．

よって，支配戦略均衡が存在しない場合でもナッシュ均衡は存在する可能性はあるが，ナッシュ均衡が存在しない場合は，支配戦略均衡は存在しない．ナッシュ均衡は，戦略集合を確率的な行動を選ぶ混合戦略も含むように拡張すれば，多くのゲームに存在する．ナッシュ均衡の存在については，本シリーズのゲー

ム理論の巻を参照されたい．

　注意しておきたいのは，非協力ゲームの名前にあるように，各プレイヤーは独自に行動を決定していることである．このような限定的行動の中で逸脱のない行動の組み合わせがナッシュ均衡である．理論枠組みを超えてしまうが，2人以上のプレイヤーが同時に行動を変える場合，ナッシュ均衡よりも2人とも利得を上げるような逸脱は存在する．

　本節は，概説というには憚られるほどゲーム理論のほんの一部しか導入していない．本節を読んだだけでゲーム理論を語られるようなことはあってはならないので，願わくば本シリーズのゲーム理論の巻でじっくりとゲーム理論を味わっていただきたい．

3.2　メカニズムデザイン理論

　制度設計においては，望ましい結果を実践可能な方法で達成する制度を模索することが課題であった．実践可能な制度に求められる1つの性質は戦略的に頑健なことである．メカニズムデザイン理論は，ゲーム理論を応用して戦略的側面から市場の取引ルール（制度）を分析する．

　第2章で導入したように，制度は参加者の表明行動を基に結果を導く関数 $g: M \to A$ として表現できた．伝統的な経済学では，その制度を所与として，その性質を分析するのが主流であった．メカニズムデザイン理論は，全く逆の発想に立つ．まず最初に，望ましい結果を導く関数 $f: \mathcal{R} \to A$ を定義する．その上で，そのような望ましい結果を達成する制度の有無を模索する．選好に対して定義される望ましい結果と，戦略的に行動する意思決定者から望ましい結果を導き出すことは全く異なる問題である．つまり関数 g（と同時に M）を f とは別に構築する必要性がある．これが工学的手法である．

　それまでの言語的概念と混同されていた（ともすると f と g が区別されていなかった）制度と異なり，メカニズムデザイン理論はインセンティブ制御を中心に「制度」の数学的定式化を行った．ゆえに，制度はある種のゲームのプロトコルとして定義される．よって制度設計に成功した場合，構築された制度（実践可能かどうかは問わない）の下では，望ましい結果は何かしらの戦略的解として達成できる．このような，望ましい結果を戦略的に達成できる制度を模索

することを遂行問題 (implementation problem) と呼び,そのような制度が存在するとき,該当の望ましい結果は遂行可能 (implementable) であると呼ぶ.

理論に入る前に,現実でよく観察される以下の例を参考にしながらメカニズムデザイン理論の出発点を再確認してみよう.

具 体 例
慣習的先着順ルール

ある学区には3つの公立高校 (X, Y, Z) があり,学区内の学生はこの3つの高校のいずれかに入学したい.学区内には,アスカさん,キョーヘイさん,リョーケンさんの3人の学生がいる.それぞれの高校に対する選好は,

アスカ	キョーヘイ	リョーケン
X	X	Y
Z	Y	X
Y	Z	Z

である.この表は,アスカさんは X が第1志望で,Z が第2志望,Y が第3志望と読む.

それぞれの高校の定員は1名で,各高校は学業成績やクラブ活動の成果によって3人に順位を付けている.

X	Y	Z
アスカ	アスカ	リョーケン
キョーヘイ	キョーヘイ	キョーヘイ
リョーケン	リョーケン	アスカ

表の読み方は,選好と同じである.

学生には1つの高校に応募するチャンスが (日本の多くの公立高校入試と同様に) 2回あるが,事前に志望校2校を提出する必要がある.ここで同じ学校に2回出願することはできないと仮定する.すると,出願リストの全体は

$$\{X, Y, Z\} \times \{X, Y, Z\} \setminus \{(X, X), (Y, Y), (Z, Z)\}$$

である．学生 i の 1 つの出願リストは

$$(\underbrace{X}_{\text{第1志望}}, \underbrace{Z}_{\text{第2志望}})$$

で，第 1 要素を第 1 志望，第 2 要素を第 2 志望とする．

学生の進学先決定は次の過程で決定する．学生が**提出**した出願リストに対して，

1. 各学生は第 1 志望の各学校に応募する．各学校は，志望者が 1 名の場合はその学生を受け入れ，志望者が複数いる場合は順位の高い学生を受け入れる．
2. 1 で受け入れられなかった各学生は第 2 志望の学校に応募する．定員まで達している学校は，新しい志望学生を受け入れない．定員に達していない学校に志望者が来た場合は，ステップ 1 と同様にして学生の受け入れを決定する．

ステップ 2 が終了したときに成立している学生と学校の組み合わせがルールの結果となる．この慣習的先着順ルールは早い者勝ちのルールとして慣習的にもよく知られており，現実の多くの場で使われている．

このルールの下で，全員が正直に第 1 志望と第 2 志望を提出すると，アスカさんは学校 X に，リョーケンさんは学校 Y に合格することになり，キョーヘイさんは浪人することになる．しかし，もしキョーヘイさんが第 1 志望は難しいと考え，第 2 志望を第 1 志望として提出したならば，キョーヘイさんは学校 Y に合格できることになる．ここからわかることは，慣習的先着順のルールは戦略的に行動する必要があることである．実際に，現実の公立高校入試でも偏差値などを使って戦略的に出願していることが観察されている．

ここで一旦メカニズムデザインの視点に立ち戻ってみよう．この例では制度の扱いが混同されている．よって状況を整理することから始めよう．この例には 2 つの大きな要素がある．1 つは，学生の選好と学校の順位という所与の状態．そしてもう 1 つは学生の行動から結果を導くルールである．前者はそれぞれに与えられた変更不可能な要素であるのに対して，後者は暫定的

である．ともすると，多くの人は慣習的先着順のルールが「唯一」の合格者決定方法だと受け入れているかもしれない．当たり前のように使われているから「そんなものだ」と疑問にさえ感じていないかもしれない．しかし，後者は前者とは独立に変更可能である．この認識がメカニズムデザインの出発点である．

次に，望ましい結果を考えよう．この市場における意思決定者は3人の学生だけなので，彼らの選好に依拠した性質を「望ましさ」として求めるのは妥当である．今回は特に，次のような公平さを望ましさの基準に考えてみよう．入試結果が公平であるとは，どの学生にとっても，合格した高校よりもより志望の高い高校では自分よりも順位の高い学生が合格している，ことをいう．この例の場合，公平な組み合わせは，

アスカと X 高校，キョーヘイと Y 高校，リョーケンと Z 高校

だけである．ここで注意しておきたいのは，望ましい結果は選好と順位といった所与の状態のみに依存し，ルールには依存していないことである．

では，この結果を3人が戦略的に行動することを考慮した上で，どのようなルールを用いれば達成できるであろうか．その際，どのような戦略的解概念を用いることになるであろうか．また制度設計者は3人の真の選好は知りえないことにも留意しよう．それは，上の選好のみに対して成立するルールと，そこから導かれるゲームを分析するだけでは不十分であることを示唆する．つまり，設計したいルールは，ルールそのものは選好から独立しており，その上で，ありとあらゆる選好に対して，その選好の下での公平な組み合わせを戦略的均衡として達成できるようになっていなければならない．

本節では，前節で学んだ情報完備戦略型ゲームの均衡概念を中心にしてメカニズムデザイン理論を概説する．

3.2.1 メカニズムデザインの環境

メカニズムデザイン理論では，制度設計者をメカニズムデザイナーと呼ぶ．モデル内にメカニズムデザイナーは明示的には現れないが，制度を設計する上での制約を明確にするために，その存在を仮定する．前節でもみたように情報

完備下では，各プレイヤーは他のプレイヤーの選好を知っている．一方で，メカニズムデザイナーはすべてのプレイヤーの選好を知りえない．そのような状況において，どのようにして望ましい結果 f をインセンティブを制御しながら達成することができるか，がメカニズムデザイナーの主たる問題となる．

情報完備下でのメカニズムデザイン理論を概説するために，環境を設定することから始めよう．

$$[N, A, R, f]$$

- N：意思決定者の集合
- A：市場の結果の集合
- R_i：意思決定者 i の A に対する選好
- $R = (R_i)_{i \in N}$：意思決定者の結果に対する選好の組
- $f(R) \subset A$：選好の組 R における望ましい結果

先に仮定したように，選好は完備性と推移性を満たすとする．

メカニズムデザイン理論の環境は抽象的であるが，それゆえに非常に広範な状況を描くことができる．広範な状況を描けるといわれてもピンと来ないかもしれないので，どのように上記の環境に落とし込めるかを具体的な例を通じて確認してみたい．

1つ目の例は，投票である．投票と聞くと貨幣が介在しないので経済学というよりは政治学の範疇ではないかと考える人がいるかもしれない．しかし政治の問題は主に「人間の集団」の問題であり，戦略性とは切っても切れない関係にある．特に，集団的意思決定である投票は，政治経済学の問題に他ならない．

具体例

投票によって代表者を決定するような，いわゆる選挙では，N は投票者の集合であり，A は候補者の集合であり，R_i は投票者 i の候補者に対する選好となる．特に候補者の集合を $A = \{a, b, c\}$ とすると，すべての投票者

は A 上に選好をもち，またすべての $i, j \in N$ において $\mathcal{R}_i = \mathcal{R}_j$ となる．後者は，すべての投票者が潜在的にもちうる選好の集合が等しいことをいっている．すべての投票者が同じ選好をもっているわけではないことに注意したい．

現実の選挙を想定すると，選好の表明方法である慣習的な投票では「同等」を扱うことはできない．多くの投票理論においては，そもそも選好が完備性と推移性に加えて反対称性を満たすと仮定する．しかし「1人の候補者にしか投票できない」のは一般に採用されている投票方法（代表者の決定ルール）g の制限であって，投票者が複数の候補者を同等と捉えていたとしても問題はない．

2つ目の例は，伝統的なミクロ経済学の市場である．

具体例

第2章でも触れたように，伝統的なミクロ経済学が対象とするコモディティ市場であれば，N は市場参加者（売り手にも買い手にもなりうる）の集合，A は参加者への実現可能なコモディティの配分の集合，$\mathcal{R}_i$ は市場参加者 i の配分に対する選好となる．コモディティは分割可能と仮定すると，$a \in A$ は $a = (a_1, \cdots, a_n)$ であり，

$$A \subset \mathbb{R}_+^{|L| \times |N|}$$

a_1 は参加者1のコモディティの配分を表すベクトルになる．任意の参加者 i は自分の配分のみに興味がある場合，i の選好は A というよりは A_i 上に定義される[10]．

価格を用いた取引ルールの下では，すべての市場参加者は価格をみて行動を決定するプライステイカー (price-taker) であると仮定する．市場参加者はコモディティの配分量が多ければ多いほど嬉しく，同じ量であれば1つのコモディティを配分されるよりも複数のコモディティを配分された方が嬉し

[10) 無論，A_i 上の選好から A 上への選好へ拡張することは容易にできる．

> いとすると，このような市場には市場均衡（価格と配分）が存在する．均衡においては需要量と供給量が一致しており，均衡における配分はパレート効率的であることが知られている．これは厚生経済学の第一基本定理というミクロ経済学における非常に重要な定理による．市場がミクロ経済学の意味で理想的である場合，価格を用いた取引ルールはパレート効率的な配分を達成するので，市場への介入は極力避けるべきだという意見の理由となっている．
> 　一方で，戦略性の概念がまず欠如していることに注意したい．加えて，情報に非対称性がある場合など，上記の意味での理想的な市場が担保されない場合は厚生経済学の第一基本定理が必ずしも成立しない．マーケットデザインが対象としてきた市場は，主にこの定理が成立しない（ゆえに何かしらの介入が有効かもしれない）市場である．

上記の例に加えて，マーケットデザインの主要な応用例であるマッチング環境やオークション環境もメカニズムデザインの環境で表現し分析できる．このように，メカニズムデザインの環境では，経済学が対象とする広範な状況を取り扱うことができる．

(1) 社会選択関数

メカニズムデザイン理論では，最初に目的となる望ましい結果を設定し，意思決定者の選好に対する関数として表現する．環境が与えられたとき，選好の組に対して社会の結果を対応させる写像を**社会選択関数（対応）**と呼ぶ．関数の場合は

$$f : \mathcal{R} \to A$$

対応の場合は，

$$f : \mathcal{R} \rightrightarrows A$$

と定義される[11]．ここで注意しておきたいのは，f は一般に複数の要素に対応することもある．例えば，パレート効率的な結果は先にもみたように複数存在

---

[11] 以下では，一価関数か多価関数かを厳密に区別せずに議論を進める．一価関数である場合，$f(R)$ は A の要素であるが，混乱が生じない限り $\{f(R)\}$ を $f(R)$ のまま表記する．

することがある．その中で，特定のパレート効率的な結果を望ましい結果とする場合は社会選択関数になる．一方で，望ましい結果としてパレート効率的な結果のみを要求する場合，すなわちパレート効率的な結果であれば何でもよい場合は，社会選択対応となる．

具 体 例

先の高校入試の例に戻ると，公平な入試結果 f は対応となることがわかる．例の選好の組では公平な入試結果は

アスカと X 高校，キョーヘイと Y 高校，リョーケンと Z 高校

のみであったが，3 人の選好が

アスカ	キョーヘイ	リョーケン
Z	X	Y
X	Y	X
Y	Z	Z

であるときは，公平な入試結果は

アスカと X 高校，キョーヘイと Y 高校，リョーケンと Z 高校

と

アスカと Z 高校，キョーヘイと X 高校，リョーケンと Y 高校

となる．

元来，社会選択という考え方は，Kenneth J. Arrow によって創始された集団的意思決定の概念である．伝統的なミクロ経済学は理想的な市場経済の性質を明らかにしてきた[12]．しかし市場が理想的でない場合，選好をもった個々の意思決定者が己の利益を最大にしようとする合理的行動の導く結果と「社会」

---

12) 「理想的な市場」とは曖昧な表現である．狭義には完全競争の仮定が満たされることを意味している．完全競争の仮定については入門的なミクロ経済学の教科書を参照されたい．

の目指す結果は必ずしも一致しない．社会選択関数は，意思決定者すべての選好に鑑みた望ましさを表現するために導入された．これらは社会選択論として1分野を築いている．

社会選択論においても戦略性が考えられなかったわけではない．以下は，社会的選択関数に対する戦略性を考慮した性質で，メカニズムデザインにおいて（無論，マーケットデザインにおいても）非常に重要な性質である．

(2) Strategy-proof 社会選択関数

社会選択関数の下で任意の真の選好が常に最適となることを，社会選択関数は strategy-proof (SP) であるという．正式に定義すると以下となる．

> **定義** 社会選択関数 f が SP であるとは，任意の $R \in \mathcal{R}, i \in N, R'_i \in \mathcal{R}_i$ について
> $$f(R_i, R_{-i}) \ R_i \ f(R'_i, R_{-i})$$
> となることである．

3.2.2項でみるように，特定の社会選択関数を採用した際に，選好の表明を選択できる行動と考えると，これはゲームになる．そのゲームの下で真の選好の表明が常に支配戦略となっていることを SP という．

SP は選好に対応する結果そのものの望ましさではなく，関数としての望ましさの性質である．よって，SP は他の望ましさと一緒に社会選択関数に求められるもので，SP 単体を社会選択関数に求めることは意味がない[13]．

ここまでで環境が設定されたので，これからメカニズムデザイン理論の内容に移る．特に，戦略性を考慮した上で望ましい結果 f を達成する方法が議論の中心となる．

3.2.2 遂行問題

社会選択関数 f が定まったとき，どのようにすれば社会的に望ましい結果

---

[13] SP のみを社会選択関数に求めるのであれば，常にある特定の値を取る定数関数はいつでも SP である．

$f(R)$ を達成することができるであろうか．最もシンプルな考え方は，真の選好が R である参加者に選好を自由に提出してもらい，「提出された選好」を基に $f(R)$ を計算する（実現する）という方法である．ゲームとしては，戦略集合を $M = \mathcal{R}$ とし，利得は $f(m)$ を真の選好で評価したもので与えられる．

もし社会選択関数が SP であれば，少なくとも正直申告 $(m_i = R_i)$ は支配戦略となり，支配戦略均衡として $f(R)$ が達成される．一方で，支配戦略均衡は1つとは限らない．解として支配戦略均衡を考慮するときに，正直申告以外にも支配戦略が存在する場合は支配戦略としては前者と後者を区別する十分な理由は存在しない．では他の支配戦略均衡 m でも $f(R)$ は達成されるのであろうか？メカニズムデザインは，このような考え方をよりゲーム理論的に厳密に定式化していく．

f を設定した後，メカニズムデザイナーはその達成を試みるための制度を構築しなければならない．制度は，意思決定者の選択できる行動と，行動と結果を結ぶ関数によって定義される．このように厳密に定義された制度を**メカニズム**と呼ぶ．そして意思決定者 i の選択できる行動の集合を**メッセージ空間**と呼び，M_i と表記し，行動と結果を結ぶ関数を**実現関数**と呼び，g と表記する[14]．

メッセージ空間と実現関数の組 (M, g) をメカニズムと呼ぶ．

- M_i：意思決定者 i のメッセージ空間
- $M = \prod_{i \in N} M_i$：メッセージ空間
- g：実現関数

$$g : M \to A$$

メッセージ空間は選好の空間よりも広くも狭くも設定できることに注意したい．メカニズムデザイナーには意思決定者の選好は知る由もないので，メカニズムは選好には依存しない．メッセージ空間が明らかである場合には g をメカニズムと呼ぶこともある．

メカニズムはゲームのプロトコルになっている．一旦，すべての意思決定者

---

[14] メカニズムデザインの教科書では g を「帰結関数」と呼ぶこともある．もともとの語源は outcome function である．

の選好 R が定まると，メカニズムは1つのゲームとなる．そしていかなる選好の組に対してもメカニズムはゲームを規定する．つまり，選好に依存せずメカニズムは**ゲームの利得以外**を定めている．これを意思決定者が2人の場合の表で描くと

$i_1 \setminus i_2$	m_2	m_2'	$\cdots$	m_2''
m_1	$g(m_1, m_2)$	$g(m_1, m_2')$		$g(m_1, m_2'')$
m_1'	$g(m_1', m_2)$	$g(m_1', m_2')$		$g(m_1', m_2'')$
$\vdots$				
m_1''	$g(m_1'', m_2)$	$g(m_1'', m_2')$		$g(m_1'', m_2'')$

となる．ゲームの利得表のように見えるが，表の要素は利得の組ではなく，メッセージの組から実現関数によって導かれる結果である．メカニズムを所与とすると，メッセージの組と結果の組み合わせは1つに定まる．それぞれの意思決定者がどのように結果を評価するかは選好によって変わる．そして，ひとたび選好が定まると結果から得られる利得が定まりゲームが完成する．当然，選好が異なればゲームの利得以外は変わらないが利得は変わるので，異なるゲームが確定する．よって，意思決定者 i の戦略であるメッセージは選好の組の関数 $m_i(R)$ として書ける[15]．

選好の組 R とメカニズム (M, g) を所与として，ゲーム (R, M, g) の下での戦略的均衡の集合を $M^*(R)$ とし，その中の1つの均衡を $m^*(R)$ と表記する．ある均衡の下で達成されるすべての結果を $g(M^*(R))$ と書く．

$$g(M^*(R)) = \{a \in A | \exists m^*(R) \in M^*(R),\ a = g(m^*(R))\}$$

メカニズム (M, g) が任意の選好の組 R に対して，望ましい結果 $f(R)$ を何かしらの戦略的均衡として達成することを，メカニズムが f を**遂行する**という．

---

[15] m_i は R_i だけでなく R_{-i} にも依存していることに注意しよう．もし行動が R_i のみに依存していると，それは相手の行動を考慮しない単なる i の意思決定になってしまう．

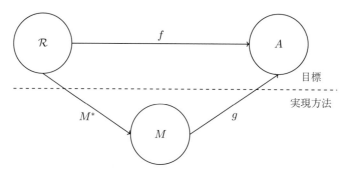

図 3.2 社会選択関数とメカニズムの関係

> **定義** メカニズム (M, g) が社会選択関数（対応）f をある戦略的均衡 M^* で**遂行**するとは，すべての $R \in \mathcal{R}$ について
> $$g(M^*(R)) = f(R)$$
> が成立することをいう．

　一般に，戦略的均衡は複数存在しうる．遂行の定義は，均衡となるメッセージの組はいくつ存在してもよいが，そのメッセージの組から g が導く結果は f が真の選好で導くそれと一致していることを要求している．f に対して，このようなメカニズムが 1 つでも存在するとき，社会選択関数（対応）f は**遂行可能である**という．

　遂行の意味をもう少し深く理解するために，以下の 2 つの状況を考えてみよう．遂行の定義において他は変えることなく

$$g(M^*(R)) \supset f(R)$$

となっている場合はどういう解釈になるだろうか．この場合，ある均衡では望ましい結果を導けるかもしれないが，別の均衡では望ましくない結果を導いてしまう．戦略的均衡概念を 1 つ定めた上で，異なる均衡が存在するとき，どちらが実現するかを判断することはできない．もし判断できるならば，均衡概念にその判断が含まれているはずであり，そもそも異なる均衡が存在しない．よって，望ましい結果も望ましくない結果も実現する可能性があるので，このようなメカニズムは目的を完遂していない．

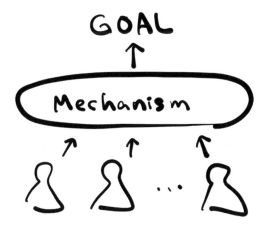

では，反対に

$$g(M^*(R)) \subset f(R)$$

の場合はどういう解釈ができるであろうか．最初に，この関係式は $M^*(R)$ が空であることも許容している．f が関数か対応かにかかわらず，遂行の定義はすべての R に対して $M^*(R)$ が存在することを暗に要求している．それでは $M^*(R)$ は空でないとした場合，上の関係式はどのような均衡もいずれかの望ましい結果を実現できることを意味している．望ましい結果が複数あるとき，それはどの結果が実現してもよいのであるから，これは目的を完遂しているといってもよいだろう．実際，この場合は f を**部分遂行**できるという．f が社会選択関数である場合は，$M^*(R)$ が空でない限り，遂行の定義と一致する．

3.2.3 支配戦略遂行と表明原理

前項まででメカニズムと遂行を厳密に定義した．しかし遂行の定義は戦略的均衡概念を固定していない．ここからは均衡概念を特定した上で，どのようなときに，どのようなメカニズムで遂行できるかを明らかにしていく．

支配戦略均衡から始めよう．メカニズム (M, g) を所与として，選好の組が R であるときの支配戦略均衡の 1 つを $m^{DS}(R)$ とし，すべての支配戦略均衡を $M^{DS}(R)$ とする．すると支配戦略均衡による遂行は以下のように定義される．

> **定義（支配戦略遂行）** あるメカニズム (M, g) が社会選択関数（対応） f を支配戦略均衡で**遂行**するとは，すべての $R \in \mathcal{R}$ について
> $$g(M^{DS}(R)) = f(R)$$
> が成立することをいう．

メカニズムデザイナーにとって遂行可能なメカニズムを探すのは非常に難しい．それはメカニズムの自由度が非常に大きいからである．闇雲にメカニズムを模索するのは賢い方法ではないかもしれない．ここで f が社会選択関数である場合に，メカニズムを模索する上で有用な方法がある．最初にも触れたように，行動（メッセージ）の集合を選好の集合とし，実現関数を社会選択関数としたメカニズムを試してみることである．つまり，意思決定者に自由に選好を表明してもらい，その表明された選好を基に得られた結果を実現するという方法である．このメカニズムを f を用いた直接メカニズムと呼ぶ[16]．

> **定義** f を用いた**直接メカニズム**とは，$M_i = \mathcal{R}_i$, $g = f$ とするメカニズムである．f を用いた直接メカニズムは $(\mathcal{R}, f)$ と書く．

支配戦略遂行と f を用いた直接メカニズムが定義されたので，SP 社会選択関数との関係に言及したい．f を用いた直接メカニズムでは $\mathcal{R}$ を行動（メッセージ）の集合とし f を実現関数としている．よって，社会選択関数 f が，f を用いた直接メカニズムで支配戦略遂行可能であることを書き換えると，すべての $R \in \mathcal{R}$ について

$$f(\mathcal{R}^{DS}(R)) = f(R)$$

が成立している．SP は社会選択関数の性質で，任意の意思決定者について真の選好が R_i であるとき，正直表明 R_i が支配戦略となることであったから，

$$R \in \mathcal{R}^{DS}(R)$$

---

[16] 任意の意思決定者 i について，i のメッセージ空間を $M_i = \mathcal{R}_i$ とするメカニズムを直接メカニズムと呼ぶ．

である．よって，ここから以下の定理が成り立つ．

> **定理** 社会選択関数 f が f を用いた直接メカニズムで支配戦略遂行可能ならば，f は SP である．

定理の逆は一般に成り立たない．これは，社会選択関数 f が f を用いた直接メカニズムで支配戦略遂行可能であるとき，必ず正直表明が支配戦略均衡の 1 つでなければならいことを示唆する．

f を用いた直接メカニズムは支配戦略均衡による遂行可能性を模索する上で重要なメカニズムである．支配戦略遂行と f を用いた直接メカニズムには次のような定理が成立する．この定理は**表明原理 (revelation principle)** と呼ばれる．

> **定理** あるメカニズム (M, g) が存在して社会選択関数 f を支配戦略均衡で遂行可能とする．このとき，f を用いた直接メカニズム $(\mathcal{R}, f)$ も f を支配戦略均衡で遂行可能である．

表明原理は支配戦略遂行可能なメカニズムの模索に対して重要な結果を示唆する．それは，ある社会選択関数 f が f を用いた直接メカニズムで支配戦略遂行可能でないとき，**いかなるメカニズムも** f を支配戦略均衡で遂行できない．そして先の定理と組み合わせることで，さらに社会選択関数 f が SP でない場合，f は支配戦略均衡で遂行できないことがわかる．すなわち，f を用いた直接メカニズムにおいて正直表明が支配戦略になっているかどうかを考慮すれば遂行可能性は十分判断できる．ただし，SP だからといって即座に支配戦略遂行可能とはいえない．あくまで支配戦略遂行の可能性を残しているだけであることに注意したい．

社会的に望ましい結果と戦略的に頑健な方法はしばしば両立しない．多くの社会選択関数は SP を満たさないことが観察されてきた．よって，上記の一連の結果は，支配戦略遂行の不可能性を峻別する方法となっている．メカニズムデザイン理論では，支配戦略遂行の可能性が残るとき，メカニズムの構築方法について十分には明らかにされていない．しかし，後述するようにマッチング理論やオークション理論では望ましい結果をもたらす社会選択関数が SP であ

ることが明らかになり，支配戦略遂行の可能性が考察されている．

3.2.4 ナッシュ遂行

戦略に対する頑健性という意味で支配戦略遂行は非常に望ましいが，一方で望ましい結果を達成する社会選択関数（対応）とはなかなか両立しえないことがわかっている．そのため，次にナッシュ均衡による遂行を紹介する．

メカニズム (M, g) を所与として，選好の組が R であるときのナッシュ均衡の1つを $m^{\text{Nash}}(R)$ とし，すべてのナッシュ均衡を $M^{\text{Nash}}(R)$ とする．するとナッシュ均衡による遂行は以下のように定義される．

> **定義（ナッシュ遂行）** あるメカニズム (M, g) が社会選択関数（対応）f をナッシュ均衡で**遂行**するとは，すべての $R \in \mathcal{R}$ について
> $$g(M^{\text{Nash}}(R)) = f(R)$$
> が成立することをいう．

ナッシュ遂行可能性に対しては，Maskin (1977) を嚆矢に多くの結果が得られている[17]．Maskin はナッシュ遂行可能であるための f に対する必要条件と十分条件を明らかにした．その後，環境や条件は精緻化され，現在も研究の裾野は広がっている．ここでは，Maskin によるナッシュ遂行の必要条件を紹介する．そのためにいくつかの定義を行う．以下の定義は，$\mathcal{R}_i$ 内の選好間の関係である．

選好 R_i の a における**劣位集合**とは，R_i において a と同等か a よりも好まれないものを指し，

$$L(R_i, a) = \{b \in A | a R_i b\}$$

と書く．選好 R'_i が R_i の a における **Maskin 単調変換**であるとは，

$$L(R_i, a) \subset L(R'_i, a)$$

---

[17] メカニズムデザイン理論全体は Hurwicz (1960) から始まったとみなせる．メカニズムデザイン理論が幅広く応用されるようになったのは，Hurwicz (1972) がインセンティブ制御 (incentive compatibility) の概念を導入して以降のこととなる．

であることをいう．選好 R' が R の a における Maskin 単調変換であるとは，任意の $i \in N$ について R'_i が R_i の a における Maskin 単調変換になっていることをいう．Maskin 単調変換は，ある選好について特定の結果を基準とし，その結果が相対的により好ましくなるような選好の集合である．

> **定義（Maskin 単調性）** 社会選択対応 f が **Maskin 単調**であるとは，任意の $R \in \mathcal{R}$ と $a \in f(R)$ と R の a における Maskin 単調変換 R' について，
> $$a \in f(R')$$
> が成り立つことをいう（f が社会選択関数である場合は，$\in$ の代わりに $=$ で成立する）．

f が Maskin 単調性を満たすとき，R の下で望ましい結果がすべての意思決定者の選好 R' において相対的により好ましいならば，$f(R)$ が R' の下でも望ましい結果でなければならないことを要求している．これは，望ましい結果が選好間で整合的であることを示唆する．そして，社会選択関数（対応）f のナッシュ遂行可能性と Maskin 単調性には以下の論理関係がある．

> **定理** 社会的選択関数（対応）f がナッシュ遂行可能であるとき，f は Maskin 単調性を満たす．

ここから，支配戦略遂行の可能性の模索と同様に，f の性質として Maskin 単調性を満たすか否かでナッシュ遂行の可能性は峻別できる．また Maskin は十分条件も建設的なメカニズムとともに示しているので，ナッシュ遂行可能である場合はメカニズムまでもが判明している．ただし Maskin および後世に整理されたメカニズム自体は非常に複雑で本書の目的を超えるので，詳細は本シリーズのメカニズムデザインの巻を参照してもらいたい．

最後に，先の高校入試の例の遂行可能性に言及して本節を結びたい．例における社会選択対応は公平な入試結果の達成であった．読者には各自で確認していただきたいが，この公平な入試結果は Maskin 単調性を満たす．例にある 2 校に応募する M と提出された応募を用いて慣習的先着順のルールで入試結果

を見つける g は 1 つのメカニズムになっている．このとき，公平な入試結果はこのメカニズムによってナッシュ遂行可能である．以下は Ergin and Sönmez (2006) による結果である．

> **定理** 先の高校入試の例において，公平な入試結果 f は上記の (M, g) によってナッシュ遂行可能である．

この結果は，現状の公立高校入試の制度でもすべての学生がナッシュ均衡をプレイできるならば，学生の選好がどのようなものであっても公平な入試結果となることが示唆される．よって理論的に公立高校入試制度が望ましくないとは一概にはいえない．しかし一方で，均衡概念がナッシュ均衡であり，学生には戦略的に行動することが求められる．さらに現実的な観点からいうと，ナッシュ均衡は一般に多数あるため学生の行動選択にはシンプルなガイドがなくナッシュ均衡の達成自体に難しいものがある．つまり，実践可能性の観点から公立高校入試にはまだまだ改善の余地があるようにみえる．次章では，このような現実と理論とのギャップをマーケットデザインの思想に従って埋めることが可能であることをみていく．

遂行問題はさまざまなゲーム環境とそこで定義される戦略的解概念の下で分析されている．本シリーズのメカニズムデザインの巻でより深いメカニズムデザインの理解を促したい．

第4章
マーケットデザインの応用理論

　現在のところ，マーケットデザインというとマッチング理論とオークション理論を指すような風潮があるが，これは正しくもあり正しくない．第2章で述べたようにマーケットデザインとは概念であり特定の分野や方法論を指すものではない．一方で，マーケットデザインの思想の下で現実社会に実装され成功しているようにみえるのは，現段階ではマッチング理論とオークション理論である．そのためマーケットデザインを語る上でこの2つの理論を概説することは必須である．2つの理論の大まかな違いは，人と財がマッチする際の価格の役割にある．マッチング理論では，価格が介在しない場合や重要ではない場合の人と財（または人）のマッチする状況を分析し，オークション理論では，マッチと同時に財の価格が定まるような状況を分析する．本書では，マッチング理論とオークション理論をマーケットデザインの応用理論と位置付け，それぞれの理論の主要概念と結果を直観的に紹介する．より詳細は本シリーズのマッチング理論，オークション理論の巻を参照されたい．

4.1　マッチング理論

　マッチング理論の環境は，2つの異なる属性をもつグループから始まる[1]．例えば，医師臨床研修制度における研修医のグループと研修実施病院のグループであり，学校選択制度における学生のグループと学校のグループである[2]．片方のグループに属する要素はもう片方に属することはないという仮定を置く．この仮定は，既存の経済理論が扱うような市場取引とは異なる状況を分析することを意味する．なぜなら，既存の経済理論における市場取引では，参加者は

---

[1] このような環境を二部マッチングの環境と呼ぶ．本節では二部マッチングの環境のみについて言及する．マッチング理論の環境には他にもルームメイト問題に代表される一部マッチングや家族形成問題に代表される三部マッチングなどがある．これらの違いは，属性でまとめられたグループの数に依存する．
[2] 医師臨床研修制度は，以前は研修医インターン制度と呼ばれていた研修医と病院を組み合わせる制度である．また学校選択制度は，学生と入学先の学校を組み合わせる制度である．

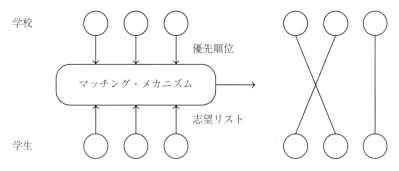

図 4.1 マッチングの決まり方

財の価格に応じて財の売り手にも買い手にもなるためである．このように設定された環境において，それぞれのグループの要素同士のつなぎ方（組み合わせ）をマッチングと呼び，マッチングが決まる場をマッチング市場という[3]．

　マッチング理論には大きく分けて 2 つの数学的環境がある．1 つは人と財の組み合わせのような，片方のグループに属する人はもう一方のグループに属する財に対して選好をもつが，その財は選好をもたない環境である．この場合，どの人がどの財を得るかという，人同士のグループ内での財の取り合いの競争でマッチングが定まる．もう 1 つは人と人の組み合わせのような，片方のグループに属する人はもう一方のグループに属する人に対して選好をもつ環境である．両側のグループの選好が反映され，自分の属するグループ内での競争だけでなくもう一方のグループとの関係も作用してマッチングが定まる．本節ではよりマッチング理論の感覚に触れやすい後者，つまり互いのグループが選好をもつマッチング環境について概説する．

　理論に入る前にここで少し注意しておきたいことがある．それは，人と財，人と人という言葉を使ったが，この分類が字面通りではないということである．2 つのモデルの差異は，片方のグループのみが選好をもっているか，両方のグループが選好をもっているか，のみに依存する．例えば，代表的なマッチング問題である学校選択問題では，学生と学校というグループが存在する．字面通り捉えると，学生は人であり，学校は財であると考えてしまうかもしれない．しかし学校は学生を入学試験の成績などによって順位付けしているので選好をもつと解釈するのが妥当な場合，学校選択問題は，人と人のマッチング環境と

---

[3] マッチングは第 2 章で導入した配分に相当する．

なる[4].

繰り返しになって煩わしいかもしれないが,経済学は数学的に分析をする一方で解釈として言葉を使う.そのため初学者ほど言葉の意味にひっぱられて,誤解を招きがちである.また言葉だけを拾った勝手な解釈で経済学を批判する人も多い.経済学では,言葉はあくまで数理分析の解釈の1つであり,言葉から理解しようとするのは本質的ではないことを認識するのが安全である.

4.1.1 マッチング環境の設定

マッチング環境における結果はマッチングであるが,マッチングには複数の形成構造がある.結婚やデートアプリのように,両側ともに1人が1人(自分自身を含む)としかマッチできないときもあれば,学校選択のように1人の学生が1つの学校にマッチして,1つの学校が複数の学生とマッチできるときもある.さらには企業と企業のように,両側が複数とマッチできることもある.2つのグループとそれぞれの選好,そしてマッチの形成構造が定まったときに,これをマッチング問題という[5].特に,1人は1人としかマッチできない場合を一対一マッチング問題,片方は1人としかマッチできないがもう片方は複数とマッチできる場合を多対一マッチング問題,両側が複数とマッチできる場合を多対多マッチング問題と呼ぶ.現実社会では多対一マッチング問題が最も汎用性が高いため,本節では多対一マッチング問題を扱う[6].

2つのグループをそれぞれ $W = \{w_1, w_2, \cdots, w_n\}$ と $C = \{c_1, c_2, \cdots, c_m\}$ とする.W と C はともに有限集合であるとする.各 $w \in W$ は C と $\emptyset$ に対して($C \cup \{\emptyset\}$ 上に)定義された選好をもつとする.選好は完備性と推移性,

---

[4] 社会選択論では,参加者の嬉しさを測る厚生分析において対象とならないグループを「財」として扱う.その場合,例えば学校選択問題において,学校が生徒に対して選好をもっていたとしても,厚生分析の対象としないならば「財」と呼ぶ.また選好を明示的にもたない財であっても,暗に異なるグループのすべての対象は同等であるという選好をもつとする.本節では混乱を避けるために,明示的な選好をもつかもたないかで「人」と「財」を分けることにする.

[5] 本節では対象とするマッチング問題を容易に捉えられるようにマッチングの形成構造を明示的にしている.形成構造は,選好に組み込むことで表現可能である.

[6] 一対一マッチング問題は,多対一マッチング問題の特殊例であるので,本節の結果は一対一マッチング問題でも成り立つ.では多対多マッチング問題を概説すればよいと思われるかもしれないが,多対多マッチング問題は数学的に複雑化するため直観的でなくなる.このような理由からも本節では多対一マッチング問題を対象とする.

反対称性を満たすと仮定する[7][8]．C に加えて ∅ も含めるのは「マッチしたくない c」を表現するためである．∅ は，自分自身とマッチする，マッチング市場に参加しない，この市場以外のオプションを選択する，と解釈される．∅ はいつでも選択できるオプションであり，一般にアウトサイド・オプションと呼ばれる[9]．各 $c \in C$ についても同様に $W \cup \{∅\}$ に対して完備性と推移性，反対称性を満たす選好をもつと仮定する．第 2 章でも触れたように，同順位を含まない選好は

$$w_i \text{ の選好 } P_{w_i}: c_3 \ c_2 \ ∅ \ c_8 \ \cdots \ c_1$$

$$c_j \text{ の選好 } P_{c_j}: w_4 \ w_5 \ w_9 \ ∅ \ w_2 \ \cdots \ w_3$$

と表現する．この例では，w_i は c_3 を最も好み，次いで c_2 を好み，それ以外の c とマッチするよりもマッチしないことを好むと読む．c_j についても同様である．

多対一マッチング問題では，マッチングの形成構造に関して 2 つのグループは非対称である．その差異を明確にし説明を簡便にするために，ここから W を労働者と呼び，せいぜい 1 人（1 つの C の要素）としかマッチできないとし，C を企業と呼び，複数の労働者（複数の W の要素）とマッチできるとする．それぞれの企業はマッチできる数に限りがあるとし，その上限を $q_c \in \mathbb{Z}_{++}$ とする[10]．この q_c を企業 c の**定員**と呼ぶ[11]．

以下の 5 つの要素からなる組を，多対一マッチング問題（環境）と呼ぶ．

---

[7] 完備性と推移性に加えて反対称性も満たすことに注意．第 2 章の脚注にもあるように，反対称性は選好に同順位が存在しない性質である．

[8] ∅ は空集合 $\emptyset$ とは異なることに注意せよ．

[9] ここで重要なのは，いつでも ∅ を選ぶことができる（他の参加者を慮る必要がない）ので，∅ よりも好まない相手とマッチする状況からはいつでも逸脱できることである．

[10] $\mathbb{Z}_{++}$ は正の整数の集合を指す．

[11] 企業が複数の労働者とマッチできる場合，企業の選好は労働者のすべての部分集合（冪集合）上に定義されることになる．本節では，企業の選好をその中の特殊な選好として，複数の労働者に対する選好が個々の労働者に対する選好と整合的になる選好を扱う．そのため，企業が 2 以上の定員をもつ場合でも個々の労働者とアウトサイド・オプションに対して定義された選好をそのまま用いることができる．このような選好は responsive 選好と呼ばれる．responsive 選好の正式な定義や，より一般的な選好のクラスについては，本シリーズのマッチング理論の巻を参照されたい．

> $[W, C, P_W, P_C, q]$
> - $W = \{w_1, w_2, \cdots, w_n\}$：労働者の集合
> - $C = \{c_1, c_2, \cdots, c_m\}$：企業の集合
> - $P_W = (P_w)_{w \in W}$：労働者の選好の組
> - $P_C = (P_c)_{c \in C}$：企業の選好の組
> - $q = (q_c)_{c \in C}$：企業の定員のベクトル

　多対一マッチング問題における実現可能な結果とは，以下の条件を満たす関数 μ であり，これをマッチングと呼ぶ．関数 $\mu: W \to C \cup \{\emptyset\}$ がマッチングであるとは，すべての $w \in W$ について

$$\mu(w) \in C \cup \{\emptyset\}$$

かつ，すべての $c \in C$ について

$$|\mu^{-1}(c)| \leq q_c$$

を満たすことをいう[12]．つまり，各労働者はいずれかの企業もしくは $\emptyset$ とマッチしており，かつ各企業は定員人数内の労働者とのみマッチしていなければならない．なお，一対一マッチング問題を扱う場合には，すべての企業 c の定員を $q_c = 1$ として考えればよい．

　マッチングは行列で表すとわかりやすい．1行目に労働者を順に記述し，2行目に各労働者とマッチしている企業を記述する．例えば，$W = \{w_1, w_2, w_3, w_4\}$ と，$C = \{c_1, c_2\}, q = (1, 2)$ であるとき，1つのマッチングとして以下の μ を考えよう．

$$\mu = \begin{pmatrix} w_1 & w_2 & w_3 & w_4 \\ c_1 & c_2 & \emptyset & c_2 \end{pmatrix}$$

この行列表記による μ は，w_1 と c_1 がマッチしており，w_2 と c_2 がマッチしており，w_3 はどの企業ともマッチしておらず，w_4 は c_2 とマッチしていると読

---

[12] $\mu^{-1}(c) = \{w \in W | \mu(w) = c\}$ で，μ の下で企業 c にマッチする労働者の集合である．任意の集合 X に対して，$|X|$ は集合の要素数を表す．

む．具体的なマッチングを考える際には，行列表記していく．

4.1.2 安定性

マッチング問題が1つ定まったとき，どのようなマッチングが望ましいであろうか．第2章で少し触れたように，マッチング理論では安定性と呼ばれる性質が中心的役割を果たしている．なぜ安定性がマッチング問題においてそれほどまで重視されるのかについて少しだけ触れておきたい．マッチング市場が主に対象とするのは，貨幣がマッチングに重要な役割を果たさない状況やマッチする際に価格が固定されている状況において，人と人がマッチする市場である．一般的な市場と比べて，そのような市場では，お金や財をどれだけもっているかはマッチング結果に影響を与えない．またマッチする「人」が中心なので，より意思決定者の心もちが重要となる．つまり，マッチング結果を強制できない限り，意思決定者は市場で達成されるマッチングに不満があると，簡単にマッチ相手を変更したり，市場から退出（アウトサイド・オプションを選択）してしまう．このような観点から，「意思決定者がマッチング結果に対して不満がないこと」がマッチング市場における望ましさと捉えられるようになった．それを数理的に定義したのが安定性である．

理論的な性質に加えて，安定性は実践上も一定の重要性をもつ．Roth (2002) はこれまでのさまざまなマッチング市場と使用されているルールを歴史的に調べることで，安定マッチングを生み出せるかどうかがルールの持続可能性と密接に関係していることを発見した．安定マッチングを達成できないルールが用いられている市場では，ルールは2, 3年ごとに変更されていることがしばしば見受けられた．ルールの変更は，市場に何かしらの問題が発生し，うまくいっていないことを示唆する．Roth and Xing (1994) は，安定マッチングを達成できないルールが導入された市場では，導入後数年で市場が崩壊（ルールが遵守されなくなり，青田買いなどが発生）することを報告している．一方で，安定マッチングを達成できるルールが用いられている市場では，当該ルールは持続的に使用されている．これは市場特有の問題で安定性とは関係ないと考える人がいるかもしれない．しかし，ルールに問題のある市場に新しく安定マッチングを達成できるルールを導入した事例では，変更後も持続的に使用されていることから，実践上も安定性が重要であることがわかる．

それでは，安定マッチングが意思決定者のどのような不満を防いでいるかを

以下の例を用いてみてみよう．

> ### 具 体 例
>
> 3人の新卒学生 w_1, w_2 と w_3，2つの企業 c_1 と c_2 が労働市場でマッチしようとしている．企業の定員はそれぞれ1名 ($q = (1,1)$) であるとする．それぞれの選好は
>
> $$w_1 \text{ の選好}: c_1 \ c_2 \ \emptyset$$
> $$w_2 \text{ の選好}: c_2 \ \emptyset \ c_1$$
> $$w_3 \text{ の選好}: c_2 \ c_1 \ \emptyset$$
> $$c_1 \text{ の選好}: w_3 \ w_2 \ w_1 \ \emptyset$$
> $$c_2 \text{ の選好}: w_1 \ w_2 \ w_3 \ \emptyset$$
>
> であるとする．以下のマッチング μ_1 は望ましいであろうか？[13]
>
> $$\mu_1 = \begin{pmatrix} w_1 & w_2 & w_3 \\ c_1 & c_2 & \emptyset \end{pmatrix}$$
>
> このとき，c_1 は w_3 をマッチ相手である w_1 より好む．同時に，w_3 はマッチしないよりも c_1 を好む．すると，c_1 と w_3 は結託してマッチング μ_1 から逸脱することができる．互いにより好む相手がいるにもかかわらず，そうではないマッチング μ_1 を強制するのは望ましいといえるだろうか．w_3 は c_1 が自分よりも好まれない w_1 とマッチしていることに不満を感じるであろうし，また c_1 もよりマッチしたい w_3 ではなく，w_1 とマッチしていることに不満があるであろう．このような不満は「正当」であるとマッチング理論では考える．
>
> では，次のマッチング μ_2 は望ましいであろうか？
>
> $$\mu_2 = \begin{pmatrix} w_1 & w_2 & w_3 \\ \emptyset & c_1 & \emptyset \end{pmatrix}$$

---

[13] μ_1 は慣習的な先着順のルールを用いた際に，すべての意思決定者が真の選好を提出した場合に得られるマッチングである．

このとき，w_2 は c_1 とマッチしているが，w_2 の選好は $P_{w_2}: c_2\ \emptyset\ c_1$ なので，c_1 とマッチするくらいならマッチしない方が嬉しい．ここで気をつけたいことは，すべての意思決定者は，いつでも自由に $\emptyset$ とマッチすることを選べることである．好ましい c とマッチできるかどうかは自分以外の他の意思決定者の選好に依存するが，$\emptyset$ はマッチしないことを意味するので，他の意思決定者の都合は関係ない．よって，マッチしたくない相手とマッチすることを強要されれば，マッチしないことを選択すればよいのである．

また，c_2 は定員が 1 であるにもかかわらずどの労働者ともマッチしていない．c_2 にとってはいかなる労働者もマッチしないよりも好ましい．このとき，c_2 とマッチしたい労働者がいればマッチすればよいはずである．このような無駄な空席はない方が全員にとって μ_2 を受け入れるよりも同等以上に好ましい．

最後に，次のマッチング μ_3 は望ましいであろうか？

$$\mu_3 = \begin{pmatrix} w_1 & w_2 & w_3 \\ c_2 & \emptyset & c_1 \end{pmatrix}$$

w_1 と w_3 はマッチしないよりも好ましい企業とマッチしている．2 人には μ_3 の相手よりも好ましい企業があるが，c_1 も c_2 も自社にとって最も好ましい労働者とマッチしている．そのため，w_1 や w_3 がより好ましい企業に声をかけても聞き入れられない．よって，w_2 以外の意思決定者にとってマッチング μ_3 から逸脱する理由は存在しない．w_2 はどうであろうか．w_2 は c_2 をマッチしないよりも好ましいと考えるが，c_2 は w_1 を排除してまで w_2 とマッチしたいとは思わない．よってこのマッチングには「正当」な不満は存在しないといえる．

マッチング理論では，このような逸脱しようとする理由が存在しないマッチングを安定的と呼び，望ましい性質の 1 つとする．正式に定義すると以下のようになる．

定義 多対一マッチング問題において，マッチング μ が安定的であるとは，

1. すべての $w \in W$ について，$\mu(w)$ はマッチしないことと同等以上に好ましく，
2. すべての $c \in C$ について，$\mu^{-1}(c)$ のいかなる労働者もマッチしないことと同等以上に好ましく，かつ
3. w が c を $\mu(w)$ よりも好ましく，同時に (a)「c が w を $\mu^{-1}(c)$ のある労働者よりも好ましい」または (b)「$|\mu^{-1}(c)| < q_c$ かつ w が $\emptyset$ よりも好ましい」のいずれかが成り立つ，という (w, c) のペアが存在しない

ことをいう[a]．

---

[a] 条件 1 と 2 は「個人合理性」，条件 3 は「ブロッキングペアが存在しない」条件と呼ばれる．

先の具体例に立ち戻ると，μ_1 は条件 3 の (a) が満たされておらず，μ_2 は条件 1 も条件 3 の (b) も満たされていない．一方で μ_3 はすべての条件を満たしていることがわかる．

安定マッチングの定義は，1 人単位または 2 人単位の逸脱を防ぐことを要求している．条件 1 は各労働者が 1 人単位で逸脱するインセンティブがないことを，条件 2 は各企業が 1 企業単位で逸脱するインセンティブがないことを，条件 3 は 1 人の労働者と 1 つの企業がペアを組んで逸脱するインセンティブがないことを示している．聡明な読者は，この定義では中途半端なのではないかと感じるかもしれない．当該の逸脱以外にもより多い人数での逸脱を考慮することはできるからだ．これは非常に目の付け所がよい疑問である．本書では深く触れないが，上記の定義を満たすマッチングは，いかなる人数による逸脱をも防いでいることがわかっている．よって疑問は杞憂であるので安心してほしい．

安定マッチングは常に存在するだろうか．Gale and Shapley (1962) は安定性の定義を提唱するとともに以下の定理を示した．定理が成り立つ理由は，次項で安定マッチングの具体的な発見方法とともに説明する．

> **定理** 多対一マッチング問題において安定マッチングは常に存在する.

よって，多対一マッチング問題には「正当」な不満が存在しないある種の公平なマッチングがいつでも存在している．ここで留意しておきたいことは，安定マッチングは一般に複数存在する．もしもある安定マッチングでマッチできている労働者が，別の安定マッチングでマッチできないというような事態が起きると，どの安定マッチングを達成すればよいかという問題が発生するかもしれない．しかし以下の定理はそれは杞憂であることを教えてくれる．

> **定理（僻地病院定理）** 多対一マッチング問題において，いかなる安定マッチングでもマッチしている労働者の集合は等しく，また企業がマッチしている労働者数は変わらない．

定理が示唆することは，労働者がマッチできるか否か，企業がどれだけの労働者とマッチできるか，が安定マッチング間で変わらないことである．安定マッチングの選択によって，労働者のマッチする企業は変わるかもしれないが，ある安定マッチングでマッチできなかった労働者は，他のどのような安定マッチングにおいてもマッチできない．また企業にとっても，マッチしている労働者に違いはあっても，マッチする労働者の数は同じである．それは，ある安定マッチングの下で人気がなく 1 人の労働者ともマッチしなかった場合，他のいかなる安定マッチングでも労働者とマッチすることはない．そのため，安定マッチングの選択は労働者と企業の厚生にしか影響を与えず，労働者と企業それぞれのマッチ相手の数には影響を与えない[14]．

安定マッチングの集合は労働者と企業それぞれの側の選好（P_W と P_C）で評価した場合，とても美しい構造をしている．それは，労働者（企業）全員が最も好む安定マッチングが 1 つだけ存在するという特徴である．労働者全員が安定マッチング ν を別の安定マッチング μ よりも弱い意味で好むとは，すべての労働者 $w \in W$ に対して

---

[14] 医者と病院のマッチングを考える場合，僻地にある病院が医者を確保できない問題がしばしば指摘されている．安定性を達成しようとする限り，ある安定マッチングで医者を確保できない僻地病院は，どのような安定マッチングにおいても医者を確保できないことが定理から示唆される．これが僻地病院定理と呼ばれる所以である．

$$\nu(w) R_w \mu(w)$$

かつ，ある労働者 w' に対して

$$\nu(w') P_{w'} \mu(w')$$

となることである[15]．企業に対しても同様にして定義できる．

> **定義** 安定マッチング μ が労働者最適であるとは，労働者全員が μ を他のいかなる安定マッチングよりも弱い意味で好むことである．

企業最適安定マッチングも同様にして定義できる．このとき，安定マッチングの集合に対して以下の定理が成り立つ．

> **定理** 多対一マッチング問題における安定マッチングの集合には，労働者（企業）最適安定マッチングが存在する．

つまり，片側のグループの選好に鑑みると，グループの全員で思惑が一致する安定マッチングが必ず存在し，それは1つだけだということである．マッチング問題に安定マッチングが複数存在するとしても，片側のグループ内では安定マッチングの選択に意見の相違は発生しないので，（社会選択対応ではなく関数でよいという意味で）制度設計者のゴール設定は容易になるかもしれない．ただし，安定マッチングの最適性は対称であることにも注意しておく必要がある．

> **定理** 多対一マッチング問題において，労働者最適安定マッチングは，企業全員にとって最も好まない安定マッチングである．また企業最適安定マッチングは，労働者全員にとって最も好まない安定マッチングである．

ここまでで多対一マッチング問題における達成したい結果（マッチング）が1つ設定できた．安定性以外にも望ましさを設定できることは論を俟たない．し

---

[15] すべての安定マッチングが労働者全員の選好で比べられるわけではないことに注意せよ．つまり2つの安定マッチング μ, ν に対して，ある労働者は μ を好み，別の労働者は ν を好む場合もある．P_W は安定マッチングの集合に対して完備性を必ずしも満たさない．P_C についても同様である．

かし本節では安定性を望ましい性質とした場合にマーケットデザインの思想がどのように体現できるかをみていきたい.

4.1.3 マッチングメカニズム

マーケットデザインの思想に基づいた次のステップは,実践可能な制度の設計である.すなわち,いつでも存在する安定マッチングを実際に発見する方法を明らかにしなければならない.まず最初に制度は所与のものという固定観念を取り払ってもらうために慣習的な先着順のアルゴリズムを考察する[16].これは第3章でも触れた先着順のルールをマッチング理論の言葉で表現し直したものである.著者たちの経験では,この固定観念を取り払うことが,マーケットデザインを知らない人の多くが最初に直面するハードルに見える.つまり,マッチング制度には先着順「しか」ないと思っている人が非常に多いということである.

マッチングアルゴリズムは労働者と企業の選好のランキング(と定員ベクトル q)を入力としてマッチングを1つ出力する[17].以下では,便宜上,あたかも労働者や企業がアルゴリズム内で実際に行動しているように描いているが,労働者や企業は選好のランキングを提出するのみであることに注意したい.また入力される選好のランキングは必ずしも真の選好のランキングであるとは限らないことにも留意しておく必要がある[18].アルゴリズム内での過程は入力された選好のランキングに従って自動的に計算される.

---

[16] 実現関数の具体的な手続きをアルゴリズムと呼ぶ.
[17] 定員ベクトル q を操作できるか否かで,q をアルゴリズムの一部としてみるか,入力としてみるかが異なる.本書では定員ベクトル q はアルゴリズムの一部(操作できない)とみなすので括弧書きにしている.
[18] 後述する戦略性の該当箇所を参照されたい.

（労働者提案型）先着順アルゴリズム[19)20)]

<u>ステップ 1</u>

　すべての労働者 $w \in W$ は，選好のランキングで最も高くランクされている企業に応募する．もしそのような企業がない場合は，どこにも応募せずアウトサイド・オプション $\emptyset$ とマッチする．それぞれの企業 c は，応募してきた労働者の中で，アウトサイド・オプション $\emptyset$ よりも好ましい労働者の中から選好のランキングで最も高くランクされている労働者から順番に定員 q_c まで受け入れ，それ以外の応募を断る．もし応募してきた労働者がアウトサイド・オプション $\emptyset$ よりも低くランクされている場合はその応募を断る．いずれの労働者からも応募されなかった企業は何もしない．

<u>ステップ t $(t \geq 2)$</u>

　ステップ $t-1$ で応募を断られた労働者は，選好のランキングで次に高くランクされている企業に応募する．もしそのような企業がない場合は，どこにも応募せずアウトサイド・オプション $\emptyset$ とマッチする．それぞれの企業 c は，既に定員が埋まっている場合はすべての応募を断り，まだ定員に空きがある場合は，応募してきた労働者の中でアウトサイド・オプション $\emptyset$ よりも好ましい労働者の中から選好のランキングで最も高くランクされている労働者を順番に q_c まで受け入れ，それ以外の応募を断る．もし応募してきた労働者がアウトサイド・オプション $\emptyset$ よりも低くランクされている場合はその応募を断る．いずれの労働者からも応募されなかった企業は何もしない．

　同様のステップを繰り返す．

<u>最終ステップ</u>

　すべての労働者が，

---

19) この先着順アルゴリズムにおける「先着」の意味は，企業に早い段階で応募してきた労働者の順に考慮されることを意味する．労働者がどの段階で応募するかは，労働者の選好のランキングの順番に依存する．先着順には，市場への到着順に従ってマッチさせるなど，他にも多くの形式がある．しかしどのような形式であっても，先着順は何かしらの順番に大きく依存しているという特徴をもち，それがさまざまな望ましい結果を導くことの障害となることがわかる．

20) この先着順アルゴリズムは，他にもボストンアルゴリズムや受入即決 (immediate acceptance) アルゴリズムとも呼ばれている．

(1) ある企業に受け入れられている，または
(2) アウトサイド・オプション $\emptyset$ とマッチしている，

のどちらかの状態になったときアルゴリズムは終了する．終了時点でのマッチ関係はマッチングになっており，アルゴリズムはこのマッチングを出力する．

この先着順アルゴリズムを使って先の具体例を1つ計算してみよう．

計算例

最初の具体例の選好を再掲する．

$$w_1 \text{ の選好}: c_1 \; c_2 \; \emptyset$$

$$w_2 \text{ の選好}: c_2 \; \emptyset \; c_1$$

$$w_3 \text{ の選好}: c_2 \; c_1 \; \emptyset$$

$$c_1 \text{ の選好}: w_3 \; w_2 \; w_1 \; \emptyset$$

$$c_2 \text{ の選好}: w_1 \; w_2 \; w_3 \; \emptyset$$

$$q = (q_{c_1}, q_{c_2}) = (1, 1)$$

最初のステップでは，w_1 が c_1 に，w_2 と w_3 が c_2 に応募する．企業 c_1 は w_1 を受け入れ，企業 c_2 は w_2 を受け入れる．w_3 は断られる．次のステップでは，w_3 のみが c_1 に応募するが，c_1 は既に w_1 を受け入れているので，w_3 を断る．そして w_3 は自分自身とマッチすることとなり，アルゴリズムは終了する．よって先着順アルゴリズムは

$$\begin{pmatrix} w_1 & w_2 & w_3 \\ c_1 & c_2 & \emptyset \end{pmatrix}$$

を出力する．これは具体例における μ_1 と同じマッチングである．つまり安定的ではない．

先着順アルゴリズムは安定的ではないアルゴリズムとして知られている．これは驚きではないだろうか．慣習的に当たり前として受け入れられている制度

が，望ましいマッチングが存在するにもかかわらず，それとは異なるマッチングを導くのである．これは安定性がそもそもの目的ではないのかもしれないが，上述したように安定性はそれなりに正当化できる性質である．ゆえに，先着順アルゴリズムを慣習的に受け入れているのは，むしろ安定性の概念がそもそも知られていないことにあるのかもしれない．

また，これはあくまでアルゴリズムの性質であることに注意したい．つまり，このアルゴリズムは望ましい結果 f としては妥当ではないが，実現関数 g としての妥当性にはまだ何もいえていない．実際，第3章で見たように，先着順アルゴリズムは g として安定マッチングをナッシュ遂行可能ではあることが知られている．これまでの議論から，先着順アルゴリズムの下ではいかにうまく立ち振る舞うかが重要であると直観的に認識している人が多い理由がわかる．しかし，マッチング理論はそのような努力は必要なく，制度を変えれば解決することを教えてくれる．

次に安定マッチングの発見方法を説明する．Gale and Shapley (1962) は deferred acceptance (DA) アルゴリズムという常に安定マッチングを見つけ出すアルゴリズムを発見した[21]．DA アルゴリズムは，労働者と企業の選好のランキング（と定員ベクトル q）を入力として，マッチングを1つ出力する．

（労働者提案型） Deferred Acceptance アルゴリズム

ステップ 1

すべての労働者 $w \in W$ は，選好のランキングで最も高くランクされている企業に応募する．もしそのような企業がない場合は，どこにも応募せずアウトサイド・オプション $\emptyset$ とマッチする．それぞれの企業 c は，応募してきた労働者の中でアウトサイド・オプション $\emptyset$ よりも好ましい労働者の中から選好のランキングで最も高くランクされている労働者を定員 q_c まで「一時的」に受け入れ，それ以外の応募を断る．もし応募してきた労働者がアウトサイド・オプション $\emptyset$ よりも低くランクされている場合は，その応募を断る．応募されなかった企業は何もしない．

---

[21] Gale and Shapley アルゴリズムとも呼ばれる．日本では受入保留（留保）方式などの言葉で呼ばれるが著者たちはこの呼び方に十分納得しておらず，かといってよい訳を提供できる能力もないので，原語のままで受け入れていることを了承されたい．

ステップ t $(t \geq 2)$

　ステップ $t-1$ で応募を断られた労働者は，選好のランキングで次に高くランクされている企業に応募する．もしそのような企業がない場合は，どこにも応募せずアウトサイド・オプション $\emptyset$ とマッチする．それぞれの企業 c は，応募してきた労働者の中でアウトサイド・オプション $\emptyset$ よりも好ましい労働者と，ステップ $t-1$ で一時的に受け入れた労働者の中から選好のランキングで最も高くランクされている労働者を定員 q_c まで「一時的」に受け入れ，それ以外の応募を断る．ステップ t で応募してきた労働者がアウトサイド・オプション $\emptyset$ よりも低くランクされている場合は，その応募を断る．応募されなかった企業は何もしない．

　同様のステップを繰り返す．

最終ステップ

　すべての労働者が，
(1) ある企業に「一時的」に受け入れられている，または
(2) アウトサイド・オプション $\emptyset$ とマッチしている，
のどちらかの状態になったときアルゴリズムは終了する．終了時点でのマッチ関係はマッチングになっており，アルゴリズムはこのマッチングを出力する．

　ここで注意しておきたいことは，先着順アルゴリズムと異なり，各ステップでの企業の受け入れがあくまで一時的な点である．そして，受け入れが次のステップ以降に保留 (defer) される．これが，このアルゴリズムが「deferred acceptance」と呼ばれる所以である．

　上記アルゴリズムは，労働者が応募する構造から労働者提案型 DA アルゴリズムと呼ばれる．一方で，企業が提案する構造をもつ DA アルゴリズムもある．そのような DA アルゴリズムは企業提案型 DA アルゴリズムと呼ぶ．しかし誌面の都合上ここでは企業提案型 DA アルゴリズムについては省略する．詳細は本シリーズのマッチング理論の巻を参考にされたい．これから本書では労働者提案型 DA アルゴリズムのみに着目していくので，労働者提案型 DA アルゴリズムを単に DA アルゴリズムと呼んでいく．

　DA アルゴリズムには以下の性質がある．

> **定理** 任意の多対一マッチング問題において，DA アルゴリズムは入力された選好のランキング（と定員 q）に対して安定マッチングを出力する．

DA アルゴリズムが安定マッチングを出力する理由を 4.1.2 項の安定性の定義を参照しながら考えてみよう．任意の選好のランキング（と定員 q）を固定する．労働者は選好のランキングで $\emptyset$ よりも低くランクされている企業には応募しないので，出力されるマッチングでは少なくとも $\emptyset$ かそれよりも好ましい企業とマッチしている．よって定義の条件 1 を満たす．同様に企業も $\emptyset$ よりも低くランクされているいかなる労働者とも（定員に空きがあったとしても）マッチしないので，条件 2 を満たす．最後に，仮に条件 3 が満たされていなかったと仮定しよう．すると

> w が c を $\mu(w)$ よりも好ましく，同時に (a)「c が w を $\mu^{-1}(c)$ のある労働者よりも好ましい」または (b)「$|\mu^{-1}(c)| < q_c$ かつ w が $\emptyset$ よりも好ましい」のいずれかが成り立つ，という (w, c) のペア

が存在する．いかなる企業も労働者がアウトサイド・オプション $\emptyset$ よりも好ましい限り定員を埋めるので，(b) のペアは存在しない．よって，(a) のペアが存在した場合を考えれば十分である．アルゴリズムから出力されたマッチングに (a) のペアが存在した場合，w は c を $\mu(w)$ よりも好む一方で最終的に $\mu(w)$ とマッチしていることから，あるステップで c に断られている．それは，そのステップにおいて，w よりも c にとって好ましい q_c 人の労働者が一時的に受け入れられていることを意味する．このステップ以降，この q_c 人の労働者のうち何人かが断られるとすると，それは企業 c にとってより好ましい労働者が応募してきたときのみである．よって，アルゴリズムが終了した時点で c とマッチしているすべての労働者は，（企業 c の選好のランキングが推移性を満たすので）w よりも企業 c にとって好ましい．これは仮定に矛盾するので条件 3 も満たす．よって，DA アルゴリズムは任意の選好のランキング（と定員 q）に対して，安定マッチングを出力することが示された．

では先ほどの例を用いて DA アルゴリズムがどのように働くのか見てみよう．

計算例

最初の具体例の選好を再掲する．

$$w_1 \text{ の選好}: c_1 \ c_2 \ \emptyset$$
$$w_2 \text{ の選好}: c_2 \ \emptyset \ c_1$$
$$w_3 \text{ の選好}: c_2 \ c_1 \ \emptyset$$
$$c_1 \text{ の選好}: w_3 \ w_2 \ w_1 \ \emptyset$$
$$c_2 \text{ の選好}: w_1 \ w_2 \ w_3 \ \emptyset$$
$$q = (q_{c_1}, q_{c_2}) = (1, 1)$$

ステップ 1

最初のステップは先着順アルゴリズムと同様で，w_1 は c_1 に応募し，w_2 と w_3 は c_2 に応募する．c_1 は一時的に w_1 を受け入れ，c_2 は w_2 を一時的に受け入れて，w_3 を断る．

	c_1	c_2
応募者	w_1	w_2, w_3
一時的受け入れ	w_1	w_2

ステップ 2

最初のステップで断られた w_3 は次に好ましい c_1 に応募する．すると，c_1 は前のステップで一時的に受け入れた w_1 と新しく応募してきた w_3 の中で最も好ましい労働者を定員まで受け入れる．よって，c_1 は w_3 を一時的に受け入れて，w_1 を断る．

	c_1	c_2
応募者と保留者	w_1, w_3	w_2
一時的受け入れ	w_3	w_2

ステップ 3

ステップ 2 で断られた w_1 が次に好ましい c_2 に応募する．すると，c_2 は w_2 と w_1 の中で最も好ましい労働者である w_1 を受け入れて，w_2 を断る．

	c_1	c_2
応募者と保留者	w_3	w_1, w_2
一時的受け入れ	w_3	w_1

ステップ 4

ステップ 3 で断られた w_2 は $\emptyset$ よりも好ましくかつ断られていない企業がなくなったので, $\emptyset$ とマッチする.

最終ステップ

これよりすべての労働者が, 一時的に企業とマッチしているかもしくは $\emptyset$ とマッチしている状態になったので, アルゴリズムは終了する.

DA アルゴリズムの出力は

$$\mu = \begin{pmatrix} w_1 & w_2 & w_3 \\ c_2 & \emptyset & c_1 \end{pmatrix}$$

となる. 最初の例でも確認したように, μ は安定的である.

前述したように, マッチング問題には一般に複数の安定マッチングが存在する. DA アルゴリズムは特に労働者最適安定マッチングを導く.

> **定理** DA アルゴリズムは労働者最適安定マッチングを導く.

余談ではあるが, 合コンを一対一マッチング問題として捉えることができる. そのとき, 誰も抜け駆けせず平等に告白できる状況を想定すると, DA アルゴリズムの使用は告白できる側がより嬉しい安定マッチングに到達できることを示唆している. 合コンにおける安定マッチングは, 合コン参加者内ではそのマッチングから誰も逸脱しないことを意味する. 恋愛は静学的マッチング問題ではないが, 殊, 合コンの場においては告白サイドが有利であることがわかる. 合コンや婚活市場において安定性はもしかすると重要な性質かもしれない. マッチング理論が離婚率の低下や少子化の改善に一役買える日がいつか来るかもしれない.

DA アルゴリズムは (労働者最適) 安定マッチングを発見できるので, 次に

戦略性の観点から DA アルゴリズムの性質を見てみよう.

すべての参加者にとって戦略的に頑健な方法で安定マッチングを発見できるのであろうか. 残念なことに, この疑問に対する答えは否定的である. これは DA アルゴリズムに限ったことではなく, いかなる安定マッチングを発見する方法も全員にとって SP となることはない. これは大きな不可能性の結果である.

第 3 章の表明原理から, DA アルゴリズムを用いる直接メカニズムを考えてみよう. この直接メカニズムは, メッセージ空間として選好の空間 $\mathcal{R}$, 結果関数として DA アルゴリズムで構成される.

> **定理** すべての労働者と企業にとって SP となる安定的なマッチングアルゴリズムは存在しない.

定理が成り立たないことは以下の簡単な反例で示される.

反例 $W = \{w_1, w_2\}$, $C = \{c_1, c_2\}$ とし $q = (1, 1)$ とする. 個々の選好が

$$P_{w_1} : c_1 \ c_2 \ \varnothing$$
$$P_{w_2} : c_2 \ c_1 \ \varnothing$$
$$P_{c_1} : w_2 \ w_1 \ \varnothing$$
$$P_{c_2} : w_1 \ w_2 \ \varnothing$$

であったとする. このとき, 安定マッチングはただ 2 つだけ存在し,

$$\mu = \begin{pmatrix} w_1 & w_2 \\ c_1 & c_2 \end{pmatrix} \ \text{または} \ \nu = \begin{pmatrix} w_1 & w_2 \\ c_2 & c_1 \end{pmatrix}$$

である. いま, ある安定的なマッチングアルゴリズムが存在して, SP でもあったと仮定する. 安定的なマッチングアルゴリズムを考えているので, 全員が真の選好 P を表明すると, μ または ν のどちらかが選ばれる. 仮に μ が選ばれたとしよう. このとき, ベストな相手とマッチしていない c_1 の行動に注目したい. もしかすると c_1 は

$$P'_{c_1} : w_2 \ \varnothing \ w_1$$

という嘘をつくかもしれない．すると，$(P_{w_1}, P_{w_2}, P'_{c_1}, P_{c_2})$ の下では安定的なマッチングは ν のみとなるため，マッチングアルゴリズムは ν を選ぶ．ν の下では c_1 は w_2 とマッチすることになる．これは μ の下でのマッチ相手よりも c_1 にとって望ましい相手である．このように考えを巡らせることによって，c_1 は真の選好を表明せず嘘をつくことで得できる．

ではもう一度最初に立ち戻って，安定マッチングアルゴリズムが P の下で ν を選んだとしよう．今度は w_1 の行動に着目し，同様の議論によって w_1 は嘘をつくことで得できることが示せる．

安定的なマッチングアルゴリズムを考えている限り，どのような安定マッチングを選んだとしても嘘をつくことで得をする人が現れる．よって，安定的なマッチングアルゴリズムは全員にとって SP となることはない．

(反例終わり)

この不可能性の結果から，結局，マーケットデザインの思想に則った安定的なマッチングの発見方法など存在せず，よってマッチング理論も机上の空論なのか，と悲観的になるかもしれない．しかし，現実のマッチング市場をよくよく眺めてみると，必ずしも全参加者が戦略的に同時に意思決定しているとは限らない．例えば，高校入試や大学入試などはマッチング市場の代表例であるが，入試自体は学生の点数によって合格順序が決まる．すると，高校や大学は，このような学生がほしい，という希望はあっても，入試の途中で順序付の基準を変えることはない．このようなマッチング市場では，高校や大学は戦略的に動いているとは考えられない．一方で，現状の分権的な労働市場のように，就活生も企業人事も能動的に動いている場合は，双方が現状の制度の下では戦略的に見える．しかし一旦，集権的な制度が導入されたならば，企業人事は就活生ほどには戦略的にはならないかもしれない．または就活生の方がより戦略的に動くかもしれないので，もしくは就活生の負担を軽減するために，就活生の戦略性をより重要視して制度設計したいと考えるならば，片側の参加者のインセンティブに注目すれば十分である．このとき，DA アルゴリズムは素晴らしい特性をもつ．

企業の選好を所与として，労働者側だけが戦略的に行動できる状況を直接メカニズムで表現すると，メッセージ空間は $\mathcal{R}_W$，結果関数は DA となる．企

業の選好はもはや戦略性の対象ではないが，DA アルゴリズムの計算には必要である．よって R_C は DA アルゴリズムに組み込まれていることに注意しよう．以下の定理は，任意の R_C が組み込まれていたとしても成り立つことが偉大である．

> **定理** 任意の多対一マッチング問題において，労働者提案型 DA アルゴリズムは労働者にとって SP である．

この定理から DA アルゴリズムを採用する限り，労働者は嘘をついたところでより好ましいマッチ相手とマッチすることはできない．特に，SP であることは，相手がどのような行動を取るとしても真の選好から逸脱して嘘をつくことは効果的ではないことを意味しているので，真実表明は安全な行動になる．DA アルゴリズムは労働者最適安定マッチングを出力するので，すべての労働者が真実表明を取ることで，労働者最適安定マッチングが実現されることになる．

聡明な読者は第 3 章から，SP であることだけでは他にも（真実表明とは異なる）支配戦略均衡が存在して，労働者最適安定マッチングと異なるマッチングが実現されるのではないかと疑問に思うことだろう．実際，真実表明以外にも支配戦略は存在する．しかし，いかなる支配戦略均衡も労働者最適安定マッチングを導くことが示されているので安心してもらいたい[22]．

DA アルゴリズム以外にも安定的なマッチングの発見アルゴリズムは存在する．しかし DA アルゴリズムがそれらに対して優位に立つ理由がある．

> **定理** 任意の多対一マッチング問題において，DA アルゴリズム以外に安定的かつ，労働者にとって SP となるアルゴリズムは存在しない．

実践可能性を考える上で，戦略性と同様に重要な観点として計算量があった．DA アルゴリズムは非常に迅速に計算できることがわかっている[23]．

最後に，簡素さについて触れておこう．DA アルゴリズムは，戦略空間として直接的に選好のランキングを提出するだけでよい．これは，ただリストを提

---

[22] Kumano and Watabe (2012) より，労働者にとって，労働者最適安定マッチング（社会選択関数）は直接メカニズムで支配戦略遂行可能である．
[23] DA アルゴリズムの計算量は $|W| \geq |C|$ のとき，たかだか $O(|W|^2)$ である．

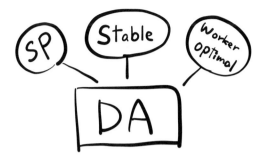

出すればよいという非常に見慣れたものであり，よって簡素であるといっても問題ないであろう．一方で，DA アルゴリズムが簡単に理解できるかどうかは容易には回答できない．ゆえに，本書や本シリーズのマッチング理論の巻を通して多くの人に DA アルゴリズムの内容とその性質を理解してもらわなければならない．マッチング理論が社会に浸透すればするほど，DA は慣習的アルゴリズムの 1 つと認識されていくのであろう．

余談であるが，著者らは中国からの留学生との DA に関する話し合いで驚いたことがある．それは，中国ではもはや入試は中央集権的メカニズムによって決定されており，中国ではそのようなメカニズムが「慣習的」であると認識されていることである．そして本書において慣習的アルゴリズムとして紹介した先着順アルゴリズムは，彼らにとっては「慣習的」ではなかった．彼らにとっては，DA アルゴリズムに似た中国の入試アルゴリズムこそが慣習的アルゴリズムであった[24]．このように人の意識は変えていけるものである．著者らは日本においても DA アルゴリズムが慣習的アルゴリズムとして受け入れられ，安定性が小学生にもわかる当たり前の性質として認識されるようになる日を夢見ている．

本節では，マッチング理論の簡単な概説を行なった．多対一マッチング問題の結果は実際に現実の多くの市場で応用されている．先にも触れたように，各国の研修医マッチング（研修医とインターン先の病院のマッチング）や世界の

---

[24] 中国の上海において使用されているマッチングアルゴリズムは，俗に「上海メカニズム」として知られている．このアルゴリズムは，選好のランキングを入力とした，DA と先着順アルゴリズムの中間的なアルゴリズムである．この中間が意味することは，あるステップまでは DA を計算し，そのステップに達したところで一旦マッチ関係を決定し，余った学生と学校の定員を用いて，またあるステップまで DA を計算するという構造をしている．より詳細は Chen and Kesten (2017) を参照されたい．

さまざまな公立学校選択は顕著な例である．また近頃は，企業内の新入社員と部署の割り当てにもマッチング理論の知見は生かされている．同時に，新しい要望や市場の特殊性に対応できるように学術的にマッチング理論も発展している．本シリーズのマッチング理論の巻において最先端のマッチング理論に触れてもらいたい．

4.2 オークション理論

　一般的なオークション理論の教科書では，情報不完備ゲームを出発点としてオークション環境が表現される．これは現実的なオークション環境の描写に適している一方で，初学者にとっては高いハードルを課すことになり，オークション理論の社会への浸透を妨げているかもしれない．本書は概論という特性上，多くのオークション理論の説明方法とは異なり，ゲーム理論に深く精通していない初学者にも本質が伝わるよう情報完備の下でオークション理論を概説する．

　オークション理論は，金銭を通じた財の取引を戦略性の観点から分析する．オークション環境には，オークションされる財を手に入れたい買い手，その財を売っていくらかの金銭を受け取る売り手が存在する．ほとんどの場合，モデルに現れることはないがオークションを俯瞰し実施する存在としてオークショニアがいると仮定しても構わない[25]．これはメカニズムデザイン理論でいうメカニズムデザイナーである．

　それぞれの買い手は，財に対する金銭評価された価値をもっている．そしてオークションの過程で，買い手は戦略的行動として入札を行う．ゆえに，入札額は必ずしも財に対する自分の評価値であるとは限らない．オークションにはさまざまなルールが存在するが，どのようなルールも入札に対して，誰に財を与えるか，そして買い手たちがそれぞれいくら支払うか（受け取るか）を決定する[26]．財を得られる買い手は一般に**勝者**と呼ばれる．

　本節では情報完備のオークションモデルを扱うことになるが，他人の評価値までも知りえることは現実にはありえない．財に対する自らの評価値は自分だ

---

[25] オークショニアを売り手と同一視することもしばしばある．後述するように，シンプルな環境では売り手すらモデルには現れないので，その限りにおいて理論結果が変わることはない．

[26] 各買い手がいくら払うか（受け取るか）は，財を得られるかどうかにかかわらず，オークションルールに依存する．例えば，オークションに参加料がある場合，買い手は財を得られなくても一定額を支払わなければならない．

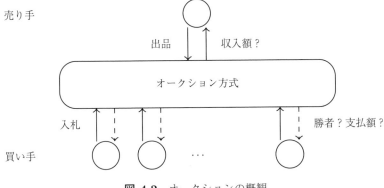

図 4.2 オークションの概観

けが知っているというような「自分だけが知っている」情報を私的情報という．オークションにおいて，情報の担う役割は非常に大きく，理論的分析の要であるが，本節はそれを省略してオークションの価格発見機能と戦略性についてのフレーバーを感じてもらえれば十分である．

オークションの環境は取り扱う財の量によって 2 種類に大別される．1 つは，単一の非分割財をオークションにかける場合で，単一財モデルと呼ばれる．もう 1 つは，インターネット広告や周波数割り当てオークションをモデル化する複数財モデルである．本節では，この単一財モデルを情報完備下で説明する．

4.2.1 オークション環境の設定

マッチング理論と異なり，オークション理論では金銭の介在がある．そのため，買い手の選好は金銭価値（財の金銭価値と金銭移転の和）の大小で表現することにする．第 2 章で触れたように，特に準線形の効用関数を用いる．

シンプルな環境設定のために，売り手と買い手に次のような仮定を置く．売り手はただ 1 人存在し，非分割財を 1 つだけオークションに出品する．彼女は財に対して何の興味ももっておらず，したがって財に対する評価額は 0 とする．よって，「財がいくら以上ではないから売らない」という状況は発生しない．またすべての買い手は財を買うのに十分な予算をもっていて，お金がなくて買えないという状況には陥らないとする．よって買い手は，その財を金銭的に評価した上で入札額を決定する．

これらに鑑みてオークション環境をまとめると以下となる．

$$[N, s, (u_i)_{i \in N}, A]$$

- $N = \{i_1, i_2, \cdots, i_n\}$：買い手の集合
- s：1 人の売り手
- $u_i : A \to \mathbb{R}$ 買い手の効用関数

$$u_i(x, p) = v_i x_i - p_i$$

ここで非負の実数 v_i は買い手 i の財に対する（金銭的）評価値を表し，p_i は買い手 i の金銭移転（$p_i > 0$ ならば支払いを，$p_i < 0$ ならば受け取り）を表す

- A：結果の集合

$$A = \left\{ (x, p) \in [\{0, 1\} \times \mathbb{R}]^{|N|+1} \,\middle|\, \sum_{i \in \{s\} \cup N} x_i = 1 \right\}$$

オークションの結果 $a \in A$ は，単一の非分割財を誰がいくら支払って手に入れるかを明示する．結果 a は 2 つの要素 x と p で構成される．$x = (x_s, x_{i_1}, x_{i_2}, \cdots, x_{i_n})$ は売り手と買い手の財の配分を表す．x_i は 0 か 1 の値を取り，$x_i = 1$ のとき，i が単一の非分割財を手に入れたことを意味する．単一の非分割財は 1 つしかないので，実現可能な結果では $\sum_{i \in \{s\} \cup N} x_i = 1$ を満たす．$p = (p_s, p_{i_1}, p_{i_2}, \cdots, p_{i_n})$ は売り手と買い手の金銭移転を表す．ここで，すべての買い手の支払い総額は売り手が受け取ることとし，$p_s = -\sum_{i \in N} p_i$ とする．また売り手の財に対する評価値は 0 とし，オークションから収入を受け取るだけの存在として扱う．

4.2.2 効率性

マーケットデザインの思想に従えば，最初に望ましい結果を設定することになる．オークションでは主に結果に対する 2 つの望ましさがある．1 つは，パレート効率的な配分であり，もう 1 つは収入（売り手の収入 p_s）の最大化であ

る[27].本節では,オークションにおける買い手の行動とそれから導かれる結果の分析に重きを置いているので,効率性のみを扱うことにする.

> **定義** オークション結果 a が効率的であるとは,
> $$x_i = 1 \Leftrightarrow i \in \arg\max_{j \in N} v_j$$
> となっていることである.

効率的なオークション結果では,財を最も高く評価している買い手に財が配分される.聡明な読者は,第2章で紹介したパレート効率性とは概念が異なることに困惑するかもしれない.第2章における説明に一度立ち戻ってみると,「ある結果がパレート効率的であるとは,すべての意思決定者の嬉しさを下げることなく,誰かの嬉しさを上げる別の結果が存在しないこと」であった.まず最初に,いかなる買い手も評価値以上の支払い(入札額とは限らない)をしないことに注意しよう.最も高い評価をしている買い手を i とし,仮に i 以外の買い手 j に財が渡っていたとしよう.すると $v_i > v_j$ なことに気がつくはずである.そして,j は i に v_j よりも高く v_i よりも低い額 p で財を売り渡すことを提案するだろう.j が財を得るために支払った額は v_j より低いので,$p > v_j$ より p を受け取る方が財を保持するより嬉しい.i は $v_i - p > 0$ なので,当然この交換に応じることでより嬉しくなる.よってこの交換による新しい結果は,i, j 以外の効用を下げることなく i と j の効用を上げている.さらに元の結果が実現可能であるならば,上述した取引も実現可能となる.よって元の結果はパレート効率的とはならない.逆の場合(ある結果で財を最も高く評価する買い手に財が配分されているにもかかわらず,結果がパレート効率的でない)は容易であるので説明を省略する.

4.2.3 オークションメカニズム

最も馴染み深いオークション方式は競り上げオークションであろう.入札者は随時入札額を提示し,オークション開催者(オークショニア,俗にとんかち

---

[27] 効率性を(均衡において)達成するオークションを効率的オークションと呼ぶ.また収入最大化を達成するオークションを最適オークションと呼ぶ.より詳細については本シリーズのオークション理論の巻を参考にしてほしい.

をもっている人）がその時点での最高額をアナウンスする．ある時点での最高額に対して，より高い入札額が提示されなくなったら，その最高額を提示した入札者が勝者となり，提示額を支払うことになる．

オークション方式は，入札方法，入札を基にした配分ルールと支払いルールによって分類される．

- 入札方法

  入札には一般に2つの方法がある．1つは，他の入札者の行動（入札）を観察できないままに入札を行う**封印入札**である．多くの公共入札（国債の入札や公共事業の入札）では封印入札が採用されている．もう1つは，他の入札者の行動を観察しながら入札を（場合によっては複数回）行うことのできる**公開入札**である．先に挙げた競り上げオークションは公開入札である[28]．

  また入札できる単位は戦略空間を規定する．特に制限がない場合は，入札できる額は実数（実際には最小通貨単位）と考えられるが，場合によっては100円単位でしか入札できないなどの制限がある．

- 配分ルール

  配分ルールは，入札額に対して誰を勝者とするかを定める．一般的なオークションでは最も高い入札額を提示した入札者がオークションの勝者となる．しかしそれは現実によく観察されるだけであって，いかなる配分ルールもそうでなければならないことはない．例えば，公共事業の入札は最も低い入札額を入札した入札者が勝者となる．また複数財をオークションする場合は，配分ルールも複雑となる．そのため，配分ルールはきちんと明示されなければならない．

- 支払いルール

  支払いルールは，入札額に対して誰がいくら支払う（受け取る）かを定める．一般には勝者が財の対価としていくらかを支払うことのように捉えられているかもしれないが，オークション方式としての支払いルールはもう少し広い意味をもっている．支払いルール以外が同一のオークション方式は多数存在するので，この支払いルールはオークション方式を定める極め

---

[28] メカニズムとして捉えると，前者は戦略型ゲーム，後者は展開型ゲームを導出する．

て重要な要素である．勝者がいくら支払うかは最も重要である．さらに勝者以外の入札者がいくら支払うか，または受け取るかも明示されていなければならない．それは，利得に直結するからである．

以上がオークション方式を分類する要素である．つまり，上記の要素が同じオークション方式はその過程などに違いがあったとしても同じオークション方式として認識できる．

オークション方式の形式に従って，競り上げオークションを以下のように簡単な形に書き直すことができる．オークショニアが十分に低い価格から徐々に価格を上げていく．すべての買い手は入札できる価格である限り手を上げ続ける．入札できない価格になったら手を下げる．この手の上げ下げは不可逆であるとする．そして，手を上げている買い手が残り2人となり，片方が手を下げたときオークションは終了する．そして，手を上げ続けている買い手が勝者となり，終了時点での価格を支払う．このように書き直しても，オークション方式としては先の競り上げオークションと全く同じである．

ひとたびオークション方式が定まると，入札者の戦略的行動を分析することが可能となる．第3章で学んだように，メカニズムを考えることができる．オークションメカニズムとは，オークション方式を基にしてメッセージ空間（入札額など）と実現関数（配分ルールと支払いルール）をメカニズムとして表現することである．入札方法から，ゲームが戦略型か展開型かが明らかになり，さらにメッセージ空間 M が明らかになる．任意の買い手 i の入札額を $b_i \in M_i$ とする[29]．そして，すべての買い手の入札額の組 $(b_i)_{i \in N}$ を b と書く．実現関数は配分ルールと支払いルールによって構成され，b を基に結果を導く．以下では，オークション方式をオークションメカニズムとして買い手の戦略性と均衡が導く結果の性質について分析する．

(1) 二位価格オークション

競り上げオークションは展開型ゲームを導出するので本書の範囲を超えるが，一定の条件の下で競り上げオークションと次に紹介する二位価格オークションは同一視できることが知られている．二位価格オークションは戦略型ゲームを

---

[29] 第3章では1つのメッセージを m_i としていたが，オークション理論の慣例に従い，入札 (bid) は b_i と書くことにする．

導出するので，代表的な競り上げオークションの性質を二位価格オークションを通じて理解することができる．

二位価格オークションの入札方法は封印入札である．また最も高い入札額を提示した買い手が勝者となる．最も大きな特徴は，勝者は自らの入札額ではなく，2番目に高い入札額を支払う点である．これは競り上げオークションとも共通している．競り上げオークションでは，勝者はさらに高い入札ができるかもしれないが，それを明示することなく他の買い手が入札できなくなった時点での価格を支払うからである．以上より，二位価格オークションのオークション方式は次のようにまとめることができる [30]．

二位価格オークション方式

- 入札方法：封印入札（入札回数は1回），各買い手のメッセージ空間

$$M_i = [0, \infty)$$

- 配分ルール $x(b)$ [31]：

$$x_i(b) = \begin{cases} 1 & \text{if} \quad b_i > b_j, \ \forall j \neq i \\ 0 & \text{if} \quad b_i < b_j, \ \exists j \neq i \end{cases}$$

もし最高額を入札した買い手が複数いる場合 ($b_i = \max_{j \neq i} b_j$) は，等確率で財を配分されるとする．

- 支払いルール $p(b)$：

$$p_i(b) = \begin{cases} \max_{j \neq i} b_j & \text{if} \quad b_i > b_j, \ \forall j \neq i \\ 0 & \text{if} \quad b_i < b_j, \ \exists j \neq i \end{cases}$$

もし最高額を入札した買い手が複数いる場合 ($b_i = \max_{j \neq i} b_j$) は，等確率で支払いをするとする．ここで入札最高額が複数の場合，2番目に高い入札額は最高額と一致する．

---

[30] 簡単化のために，勝者が複数となるケースは除外している．本来は勝者が複数いる場合も想定すべきであるが，計算が煩雑になる一方で本質は変わらないので，本書の性質上そのようなケースは存在しないものとする．

[31] "∀" は「すべての」を意味し，"∃" は「ある」を意味する．よって $\forall j \neq i$ は「i 以外のすべての j について」，$\exists j \neq i$ は「i 以外のある j が（少なくとも1人）存在して」と読む．

例を用いて二位価格オークションがどのようなゲームのプロトコルであるかをみてみよう．

具 体 例

幸運の石がオークションにかけられることになった．オークション方式は二位価格オークションと決まった．買い手としてワタルくんとユースケくんがオークションに参加する．それぞれの幸運の石に対する評価値は $v_{ワタル} = 100, v_{ユースケ} = 80$ であるとする．評価値が一旦定まると，1つのゲームが定まる．結果は2人の入札額によって決まるので，$b = (b_{ワタル}, b_{ユースケ})$ の組み合わせに対して二位価格オークションの結果をみていく．

<u>$b = (50, 70)$ の場合</u>

$b_{ワタル} < b_{ユースケ}$ なので，ユースケくんが勝者となる．ユースケくんの支払いは，2番目に高い入札額が $b_{ワタル} = 50$ なので $p_{ユースケ} = 50$ となる．ワタルくんの支払いは $p_{ワタル} = 0$ である．よって2人のそれぞれの利得は $u_{ワタル} = 0, u_{ユースケ} = 80 - 50 = 30$ となる．

<u>$b = (85, 90)$ の場合</u>

$b_{ワタル} < b_{ユースケ}$ なので，ユースケくんが勝者となる．ユースケくんの支払いは，2番目に高い入札額が $b_{ワタル} = 85$ なので $p_{ユースケ} = 85$ となる．ワタルくんの支払いは $p_{ワタル} = 0$ である．よって2人のそれぞれの利得は $u_{ワタル} = 0, u_{ユースケ} = 80 - 85 = -5$ となる．

入札額が高ければ勝者となれるが，一方で利得は評価値にも依存するので，あまりにも高い額での入札はマイナスの利得となってしまう．つまり，オークションに参加する目的は，勝つことではなく，自分の利得を最大化することであることに注意したい．2つ目のケースでは，ユースケくんは幸運の石の魔力にとりつかれて，ワタルくんにどうしても負けたくないと合理的ではない行動に走ってしまったのかもしれない．そして家に帰って石ころを見つめて後悔の言葉を呟く．

二位価格オークションメカニズムにおける戦略行動について以下の定理が成り立つ.

> **定理** 二位価格オークションでは,任意の v と任意の買い手 i について,評価値を正直に入札する戦略
>
> $$b_i = v_i$$
>
> が支配戦略となる.

任意の v に対して,二位価格オークションはゲームを1つ定める.このとき,任意の買い手 i について $b_i = v_i$ が支配戦略になっていることを示そう.オークション結果はすべての買い手の入札戦略 b によって決まる. i 以外の買い手の任意の入札戦略 b_{-i} に対して, $b_i = v_i$ と任意の戦略 b'_i の下での利得を比較する. $\hat{b}$ を i 以外の買い手の入札戦略の中で最も高い入札額とする ($\hat{b} = \max_{j \neq i} b_j$).いま $\hat{b}$ が v_i よりも高い場合と低い場合で場合分けして考える.

<u>$\hat{b} \geq v_i$ の場合</u>

このとき, $b_i = v_i$ では勝者になれず利得は 0 である ($\hat{b} = v_i$ の場合は確率的に勝者となるが,利得は 0 である).同様に $b'_i \in [0, \hat{b})$ でも利得は 0 である. $b'_i \geq \hat{b}$ のとき,勝者となり $\hat{b}$ を支払うことになるので,利得は $v_i - \hat{b} \leq 0$ になる (等号は $\hat{b} = v_i$ のときのみに成立).よって $\hat{b} > v_i$ の場合は $\hat{b}$ よりも低い入札をし, $\hat{b} = v_i$ の場合はいかなる入札も最適である.ここから $\hat{b} > v_i$ のときは

$$BR_i(b_{-i}) = [0, \hat{b})$$

$\hat{b} = v_i$ のときは

$$BR_i(b_{-i}) = [0, \infty)$$

を得る.場合分けの条件を満たす任意の b_{-i} について $v_i \in BR_i(b_{-i})$ である.

<u>$\hat{b} < v_i$ の場合</u>

このとき, $b_i = v_i$ で勝者になるので利得は $v_i - \hat{b}$ である.同様に $b'_i \in (\hat{b}, \infty)$ でも利得は $v_i - \hat{b}$ である. $b'_i < \hat{b}$ のときは利得は 0 となる.よって $\hat{b} < v_i$ の

場合は $\hat{b}$ よりも高い入札をするのが最適である．ここから

$$BR_i(b_{-i}) = (\hat{b}, \infty)$$

を得る．場合分けの条件を満たす任意の b_{-i} について $v_i \in BR_i(b_{-i})$ である．

支配戦略は，すべての b_{-i}（すべての $\hat{b}$）に対して，常に最適反応対応に含まれる戦略であった（第3章を確認せよ）．

$$\bigcap_{\hat{b} \in [0, \infty)} BR_i(b_{-i}) = \{v_i\}$$

となるので，$b_i = v_i$ のみが支配戦略となる．

二位価格オークションにはすべての買い手が正直に評価値を入札する支配戦略均衡が存在する．そのため均衡は容易に計算され，均衡における結果は「最も評価値の高い買い手」が勝者になり，勝者のみが「2番目に高い入札額」を支払う，となる．よって，二位価格オークションでは効率的な結果が支配戦略均衡で達成されている．

> **定理** 二位価格オークションは効率的である．

(2) オークションに関するいくつかの議論

本節では主として二位価格オークションについて概説したが，二位価格オークションに関連するいくつかの議論を加えておきたい．現実社会では二位価格オークションとは支払いルールのみが異なる一位価格オークションも頻繁に見受けられる．この2つのオークション方式の違いは買い手の行動にどのような違いを生むのであろうか．また二位価格オークションを競り上げオークションと同等なものとして概説したが，現実社会でもこの2つのオークション方式は同じものとして扱えるのであろうか．以下ではそれぞれについて簡単に触れて本節を終える．

A) 一位価格オークション

一位価格オークションは，封印入札のオークション方式の中で最もシンプルなオークション方式であろう．一位価格オークションのオークション方式は，

支払いルール以外は二位価格オークションと全く同じである．唯一の違いは，二位価格オークションの支払いルールが「勝者は 2 番目に高い入札額を支払う」のに対して，一位価格オークションの支払いルールは「勝者は 1 番目に高い入札額（すなわち自らの入札額）を支払う」というものである．勝者は自分が入札した入札額を支払うので，二位価格オークションよりも直観的かもしれない．

一位価格オークション方式

- 入札方法：封印入札（入札回数は 1 回），各買い手のメッセージ空間

$$M_i = [0, \infty)$$

- 配分ルール $x(b)$：

$$x_i(b) = \begin{cases} 1 & \text{if} \quad b_i > b_j, \ \forall j \neq i \\ 0 & \text{if} \quad b_i < b_j, \ \exists j \neq i \end{cases}$$

もし最高額を入札した買い手が複数いる場合 ($b_i = \max_{j \neq i} b_j$) は，等確率で財を配分されるとする．

- 支払いルール $p(b)$：

$$p_i(b) = \begin{cases} b_i & \text{if} \quad b_i > b_j, \ \forall j \neq i \\ 0 & \text{if} \quad b_i < b_j, \ \exists j \neq i \end{cases}$$

もし最高額を入札した買い手が複数いる場合 ($b_i = \max_{j \neq i} b_j$) は，等確率で支払いをするとする．

一位価格オークションでも，最も高い入札額を提示した買い手が勝者となる．二位価格オークションとの違いは勝者の支払い額である．二位価格オークションでは，2 番目に高い入札額を支払うのに対して，一位価格オークションでは，自らの入札額を支払うことになる．この支払いルールは一見直観的に見えるが，二位価格オークションのように評価値をそのまま入札してしまうと，勝者になっても利得は 0 である．そのため，買い手は評価値よりも低い額を入札する．しかし，入札額を低くすることはオークションに勝つ可能性を下げてしまうので，買い手は他の買い手の入札行動を考慮してより戦略的に行動しなければならな

くなる．一般に情報完備の下では，一位価格オークションには支配戦略均衡もナッシュ均衡も存在しない．しかし情報不完備ゲームでは均衡が存在する[32]．さらに，均衡が達成する結果には，二位価格オークションとも深い関連性がある．

マーケットデザインの思想に立ち戻ってみると，仮に一位価格オークションも二位価格オークションも均衡において同じ結果を導くとしても，二位価格オークションの方が戦略的頑健性の観点からは好ましいかもしれない．しかし，戦略的頑健性はあくまで実践可能性に関する1つの指標でしかないので，均衡の違いからどちらのオークション方式が優れているかを判断するのは拙速に過ぎるかもしれない．

B) 競り上げオークションと二位価格オークションの違い

競り上げオークションと二位価格オークションは一定の条件下では同じものとみなせる．しかしこれは理論上だけかもしれない．実際，現実社会ではよりシンプルにみえる二位価格オークションはあまり使われていない．また経済実験でも両者には差があることが指摘されている．二位価格オークションの実験では，2番目に高い入札額を支払うということが被験者心理に影響しているのか，評価値よりも高い入札がしばしば観測される．

2つのオークションは構造が違うのであるから，差が生じるのは当たり前だと感覚的に捉える人もいるかもしれない．同じ条件下で理論的に同じ結果である以上，その差異はモデルに反映されていないものやモデルが想定する仮定にあるのかもしれない．これは至極もっともである．しかし，既存の基準というザルの目が粗いことで差異を濾し切れていないだけかもしれない．

近年のLi (2017) による研究で，この2つのオークションが戦略性の観点から異なることが示された．Li (2017) はSPをさらに分類する概念を編み出し，SPの中でも「自明なSP」とそうでないものを区別した[33]．すると，これまでの2つのオークションが同じ結果を得られる条件下で，競り上げオークションは自明なSPである一方で，二位価格オークションはSPであるが自明なSPではないことを示した．

理論上は同じ結果を導くとしても現実に異なる結果を導く場合，そこからす

---

[32] 情報不完備な場合にはベイジアンナッシュ均衡が存在する．しかし支配戦略均衡は情報不完備な場合にも存在しない．
[33] 「自明なSP」はLi (2017) の obviously strategy-proof を意味する．

ぐにモデルの不備を疑うのは議論を複雑にしてしまうだけかもしれない．そうではなく，もう一度じっくりと理論結果とそこに至る論理を見直して，既存の概念や基準の中から差異の源泉を見つけ出そうとする試みはより本質的な理解につながるかもしれない．

　本節では，マーケットデザインの思想に従ってオークション理論を概説した．特にオークションでは既存のルールが存在しているので，【目的】を設定した後，【確認】を行うことで思想の体現を試みた．先にも述べたように，オークション理論は情報不完備ゲームで分析する方がより現実味がある．是非本シリーズのオークション理論の巻を読んでオークション理論の醍醐味を味わっていただきたい．

第 5 章
プラットフォームのデザイン

これまでの章で議論してきた，メカニズムを含む制度を実践しようとすると次のような 3 つの段階があることがわかる．

1. 情報収集：制度の参加者からの情報を収集すること．
2. 計算：収集された情報を用いて望ましい結果を計算すること．
3. 伝達：計算結果を参加者に伝えること．

この 3 つのそれぞれを実践することは簡単に思えるかもしれないが，参加者が多くなると意外と難しい．例えば，コロナ禍でのワクチン予約では，先着順というルールが使用されたため，1 点目と 3 点目の情報収集と伝達において困難があった．希望日時を収集することと，その結果を伝達することだけでも混乱があったことは記憶に新しい．また，2 点目の計算という観点では，前章で学んだ DA アルゴリズムの計算を 1 つとってみても参加者が 10 人を超えてくると，手で結果を計算するには時間がかかる．このように整理すると，上記の 3 つは独立しているように見えるが，一般に，これらは相互依存関係にあることに注意しよう[1]．

近年，デジタル技術の進展によって情報の収集と伝達が容易になった．また，コンピュータの計算能力の向上や計算機科学の発展により，情報を用いて制度の結果を計算することが容易になった．このような背景から，デジタル・プラットフォームという財の売買や交換を行う場がインターネット上にも登場して，新しくデザインされた制度が実践されてきている．本章では，プラットフォームという観点から制度のデザインを紹介する．より詳細は本シリーズのプラットフォームのデザインの巻や Belleflamme and Peitz (2021) による教科書を参照されたい．

---

[1] ここでの議論は，栗野盛光「経済理論を実践し社会経済制度をデザインするには」月刊経団連 2021 年 9 月号を基にしている．

第 5 章　プラットフォームのデザイン

5.1　プラットフォームの立ち位置

　プラットフォームとは，ざっくりいうと，市場にいる参加者と参加者を結びつけて，参加者間での取引を可能にするような仲介の場である．例えば，ショッピングセンターやショッピングモールは典型的なプラットフォームである．そこでは多くの小売店舗や映画館，テナントなどの売り手が入居し，買い手である顧客とを結び付けている．よって，ショッピングセンターは売り手と買い手の仲介の場であり，仲介を管理運営している．

　プラットフォームは古いものとして，ヨーロッパでは 12 世紀頃，フランス北部のシャンパーニュ伯国で行われた定期的な交易市が挙げられる[2]．この交易市はシャンパーニュ伯により組織化・制度化されて，平等な商取引が可能になり，ヨーロッパ中の商人が市場に集まった．特に，制度として怪しい取引を排除して平等な競争の場にし，紛争解決の制度を設け，決済システムも構築された．一方，日本では 16 世紀の安土桃山時代に織田信長などの大名などにより進められた楽市楽座もプラットフォームと考えられる．楽市楽座は城下町など特定の場所でそれまで一部の売り手に独占されていた取引を自由にしたとされている．

　これらのプラットフォームは，ある特定の場所に立地して目立つことで，買い手にも売り手にもほしい財やサービスに出会うための探索費用を減らす効果がある．さらに，通常の完全競争市場[3]での取引とは異なり売り手は買い手が多いほどプラットフォームを高く評価し，買い手も売り手が多いほど（好みの財やサービスに出会える確率が増すので）プラットフォームを高く評価するという，ネットワーク効果がある．

　近年ではデジタル技術の進展により，インターネット上に仲介の場を提供するプラットフォームが登場している．特に，これをデジタル・プラットフォームと呼ぼう．前段落で紹介したプラットフォームは物理的に特定の場所に立地していたが，デジタル・プラットフォームはインターネット上に存在するので物理的な制約は非常に少なく，売り手も買い手も格段に多く，ネットワーク効果が強く働きやすい．デジタル・プラットフォームにも多くの種類があり，次のように 4 つに区分することができる．

---

[2] ここでの記述は Belleflamme and Peitz (2021) を参考にしている．
[3] 完全競争市場については 5.1.2 項を参照のこと．

1. E コマース：ショッピングセンターのインターネット版と捉えられる Amazon や楽天市場などがある．
2. SNS (Social Networking Service) プラットフォーム：オープンなコミュニケーションを媒介するプラットフォームとして，X (旧ツイッター)，インスタグラム (Instagram)，フェイスブック (Facebook)，ライン (LINE)，ティックトック (TikTok) などがある．
3. マッチングプラットフォーム：配車サービスを提供するライドシェアのプラットフォームとして，タクシーアプリ GO，Uber タクシー，DiDi タクシーなどがある．また，男女の出会いを仲介するペアーズ (Pairs)，ウィズ (with)，タップル (tapple) などがある．
4. コンテンツ配信型プラットフォーム：アプリを提供するプラットフォームとして Google の Play ストアや Apple の App Store がある．また，音楽コンテンツを提供するプラットフォームとして Google Play Music, Spotify, Apple Music などがある．そして，動画コンテンツを提供する Youtube, Netflix, U-Next, Hulu などがある．

第 2 章では，市場は財やサービスを欲する需要者，そしてそれらを提供したい供給者が存在し，彼らが取引ルールに従って行動すると結果が出てくる箱のようなものと定義した．プラットフォーム自体が取り扱う財の市場から構成されることもあるが，プラットフォームが市場の一部の場合もある．本章では，プラットフォームを市場の仲介制度（ルール）として位置付けて，その特徴を紹介する．

5.1.1 市場

第 2 章において市場の記述的な説明を行ったが，ここではプラットフォームを理解するために，典型的な市場の機能を紹介する．

私たちが市場という言葉を耳にするとき，財には価格が付いていて，売り手は自由に価格を付けて競争し，買い手はその価格の下で自由に売り手を選んで好きなだけの量を購入することを想像するだろう．おおざっぱに，経済学はこのような市場を完全競争市場として分析する（完全競争市場については次項で取り上げる）．しかし，実際の市場をよく見てみると，このような単純な市場はそれほど多くないことがわかる．そのため，**市場を広く捉えて**，財を欲する意

思決定者(需要者,または買い手)と提供したい意思決定者(供給者,または売り手)が存在し,財を取引する場とする.ここでは,大学入試のような,必ずしも取引に金銭のやり取りが含まれない場も市場として含まれる.臓器移植も市場として捉えることができる.というのも,臓器移植でも,移植を必要とする患者は需要者であり,臓器の提供を希望するドナー(脳死ドナーであったり,親族の生体ドナー)は供給者である.脳死ドナーの場合は公的な機関仲介によって臓器の割り当て(取引ともいう)が行われ,生体ドナーの場合は法的に親族の患者に割り当て(取引)が行われる.

5.1.2 伝統的な市場分析

市場を伝統的な完全競争市場と捉えて,どのように財やサービスの資源配分が達成されるかをみよう.ほとんどの経済分析は,まず市場が完全競争市場であったとすると,どのような価格や配分が達成されるかを明らかにすることから始まる.これは,実際の市場での結果との乖離を認識して,望ましい制度を考える礎になるからである.**完全競争市場**とは無数の売り手と買い手がいて,競争の度合いが「完全」で競争が激しく,それぞれの売り手と買い手は市場の価格を(交渉の余地なく)そのまま受け取る.このような価格の捉え方はプライステイカー (price-taker) の仮定と呼ばれる.

図 5.1 を見ながら,完全競争市場でどのように価格や配分が決まるかを説明しよう.買い手は単に市場での価格 p をそのまま受け入れて,自分の効用(満足度)を最大にするように需要量を決める.買い手ごとに異なる需要量があるが,これらを市場にいる買い手全体で足し上げたものが,市場需要量である.**(市場)需要関数**は $D(p)$ で表され,任意の価格 p に対して市場全体の買い手の需要量 $D(p)$ を与える関数である.この需要関数をグラフで示したものを需要曲線と呼び,図 5.1 のように描かれる.需要関数は価格 p の関数であり,数学では横軸に価格 p を取るのが慣例だが,経済学では価格 p は縦軸に取ることが慣例であることに注意されたい.一般的に,需要曲線は右下がりになっていて,価格が高ければ高いほど需要量が減る.

一方,売り手は,買い手と同様に市場での価格 p をそのまま受け入れ,収入と費用との差である利潤が最大となるように供給量を決める.売り手ごとに異なる供給量があり,市場にいるすべての売り手の供給量を足し上げたものが,市場供給量である.**(市場)供給関数**は $S(p)$ で表され,任意の価格 p に対して

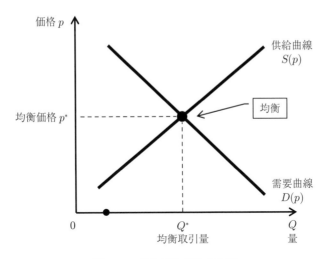

図 5.1 完全競争市場の均衡

売り手の供給量 $S(p)$ を与える関数である．この供給関数をグラフで示したのが図 5.1 で，供給曲線と呼ばれる．一般的に，供給曲線は右上がりになっていて，価格が高ければ高いほど供給量が増える．

では，市場での価格はどこで決まるのだろうか．市場では価格が与えられていて，その価格の下で，買い手の需要量，そして売り手の供給量がある．市場においては，需要量と供給量が等しくなるように価格が決まり，取引量はそのときの需要量（＝供給量）として決まる．このときの価格と取引量はそれぞれ**均衡価格**と**均衡取引量**と呼ばれる．つまり，**均衡**とは，価格 p^* と取引量 Q^* の組み合わせ (p^*, Q^*) であり，価格 p^* の下で

$$D(p^*) = S(p^*) \equiv Q^*$$

が成り立つ[4]．この特別な価格 p^* が均衡価格であり，取引量 Q^* が均衡取引量である．このとき，均衡における配分は，均衡価格 p^* の下で，各需要者の需要量，そして各供給者の供給量となる．均衡取引量は，この需要量（そして，供給量）の総和に等しくなる．

では，価格はなぜ需給を一致するように定まるのだろうか？ なぜなら，市場

---

[4] ここでの均衡は，1 つの財だけに着目しているので部分均衡と呼ばれる．同時に複数の財を考慮して，すべての財の需給一致を考えるような均衡は一般均衡と呼ばれる．

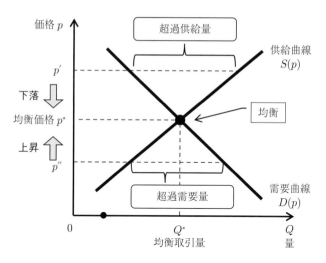

図 5.2 完全競争市場の価格調整過程

での価格が均衡価格でないとき，価格が調整されて均衡価格に向かうからである．図 5.2 を参照しながら詳しく議論しよう．価格 p' が均衡価格 p^* よりも高い場合を考える．このときの供給量 $S(p')$ は需要量 $D(p')$ を超過しているので，この状態は**超過供給**と呼ばれる．そして，この需給の差 $(S(p') - D(p'))$ のことを**超過供給量**と呼ぶ．この超過供給が生じているとき，現実には供給側で混雑が発生し，超過供給量の分だけ財が売れ残ってしまい，売り手間で財が売れるよう買い手を求めて競争する．その結果，価格が下落してこの超過供給を解消しようという圧力が加わる．価格が自由に調整されると考えているので，最終的に均衡価格まで下落し，需要量と供給量が等しくなる．

一方で，価格 p'' が均衡価格 p^* よりも低い場合を考える．このときの需要量 $D(p'')$ は供給量 $S(p'')$ を超過しているので，この状態は**超過需要**と呼ばれる．そして，この差 $(D(p'') - S(p''))$ のことを**超過需要量**と呼ぶ．この超過需要が生じているとき，現実には需要側の混雑が発生し，超過需要量の分だけ財が足りず，買い手が財を求めて競争する．その結果，価格が上昇してこの混雑を解消しようという圧力が加わる．最終的に均衡価格まで上昇し，需要量と供給量が等しくなる．

5.1.3 市場が機能するために必要なこと

完全競争市場では,「均衡配分がパレート効率的になる」という厚生経済学の第 1 定理が成り立つことが知られている.いい換えると,市場参加者全員が,均衡配分以上に得をするような買い手と売り手の取引が存在しない,ということである.この意味で,完全競争市場では参加者にとって最適な取引が実現して,市場が機能しているといえる.一方で,完全競争市場は無数の買い手と売り手の存在を仮定している.実際の市場では,完全競争市場の仮定が満たされないことがあり,どのようにして望ましい配分を達成させるかが問題となる.

市場がうまく機能するということは,市場参加者にとって得になる取引が実現し,市場設計者が想定した望ましい配分が達成されることである.市場が機能するためには,一般的に市場の厚み,混雑の解消,安心・安全で簡素なルールが必要である.それぞれについて説明する.

市場の厚みとは,市場に参加する人数のことを意味する.例えば,結婚相談所の男女のマッチングを考えると,ある人にとって,より多くの異性が参加している結婚相談所の方が希望の相手に出会える確率が増すだろう.つまり,参加者が増えると取引の機会が広がり,市場全体としてより魅力的になる.このような効果のことをネットワーク効果といい,次項で紹介する.

次に**混雑の解消**に移る.市場の厚みが増すと,多くの市場参加者や財・サービスが増えてきて,市場参加者は取引の機会を拡大できる.しかしながら,参加者があまりにも多いと混雑が発生してしまい,市場参加者は取引の内容を十分に検討できず,取引まで至らない可能性がある.よって,市場の仲介制度には混雑を回避するような仕掛けが必要になってくる.前項で紹介した伝統的な市場では,混雑が生じると価格の働きによって混雑は自然に解消される.しかし,現実の多くの市場では短期間で価格は混雑を調整できない.そのため,仲介制度(ルール)自体に,混雑を解消あるいは緩和する仕組みが必要になる.

最後に,**安心・安全と簡素さ**について説明する.市場参加者は取引する財やサービスについて不信感をもつと取引まで進まない可能性がある.例えば,Akerlof (1970) が分析したレモンの市場が代表的である.レモンとは欠陥品の意味で,例えば中古車市場で,中古車を売りたい売り手にはその車の品質がわかっているが,買い手には正確にはわからず,質がよい場合も悪い場合もあるとだけわかっている.このように,買い手と売り手の情報が非対称である場合,取引が

実現しないこともあることを Akerlof は示した．このような状況を**逆選択**と呼ぶ．また，本書第 2 章で議論したように，取引ルールの**簡素**さは重要である．取引ルールが複雑であると，市場参加者の意思決定が困難になり，取引の機会を喪失したり，取引をしたとしても制度設計者が望むような配分が達成できない可能性が生じるからである．

5.1.4 プラットフォームの特徴：ネットワーク効果

プラットフォームは，買い手や売り手などの意思決定者を集めて交流させて経済活動を促す場である．例えば，結婚相談所はプラットフォームである．というのも，結婚相談所は結婚希望の男女を集めて，出会いや交際（交流）を経て結婚（経済活動）を促すからである．このようなプラットフォームが存在しないときは，自分自身で相手を見つける必要があるが，出会う相手が限られて経済活動が難しくなることもある．参加者が増えれば増えるほど 1 人の参加者が同じ財やサービスを消費しても，その効用が高まることを**ネットワーク効果**という．いい換えれば，ネットワーク効果は参加者の効用が他の参加者数に依存することを意味する．結婚相談所の例では，より多くの異性がいると，希望の異性に出会える可能性が高まり，より高い効用を得る可能性が高まる．ネットワーク効果はネットワーク外部性ともいわれることがある．一般に，**外部性**とは，ある意思決定者の行動が他の意思決定者の経済厚生に金銭の補償なく影響を及ぼすことであり，その影響がよい場合は正の外部性，悪い場合は負の外部性と呼ばれる．例えば，プラットフォームの文献でよく用いられる外部性であるネットワーク効果は，参加者 i が受ける影響として

$$\theta_i n \tag{5.1}$$

と表現することができる．ここで，n はプラットフォームの参加者数である．θ_i はパラメータであり，$\theta_i > 0$ は他の参加者が 1 名増えると参加者 i が得る（追加的な）効用値である．$\theta_i < 0$ のとき負の外部性，$\theta_i = 0$ のとき外部性なし，そして $\theta_i >$ のとき正の外部性を表す．ここでの外部性は分析の簡単化のため単に参加者総数 n に比例していると仮定しているが，一般にはより複雑な非線形の関数と考えられる．

例えば，あるプラットフォームでの参加者 i の効用 u_i は

$$u_i = v_i + \theta_i n - p_i \tag{5.2}$$

と仮定されることが多い．ここで，第1項の v_i は参加者 i がプラットフォームに参加して何らかの活動をして得られる（金銭単位で評価した）効用値である．第2項はネットワーク効果 (5.1) である．そして，第3項の p_i は支払いである．

一般的に外部性が存在する場合，外部性の発生源である意思決定者はその影響を考えずに意思決定をし，正の外部性の場合は過小な活動水準，負の外部性の場合は過大な活動水準になる．よって，参加者にとって「望ましい」活動水準にするには，その外部性を意思決定者が意識して決定することでその活動水準に導くような制度的仕掛けを作る必要がある．このような仕組みのことを経済学の言葉で**外部性の内部化**という．プラットフォームでもネットワーク効果という外部性があるときに，市場での活動水準としての参加者数が社会厚生の観点から過小になることを 5.3 節で確認する．

ネットワーク効果が定義されたので，Belleflamme and Peitz (2021) に従って，プラットフォームを再定義する．**プラットフォーム**とは意思決定者が参加し，意思決定者の交流で生まれるネットワーク効果が積極的に管理される仲介の場のことである．

5.2 プラットフォームのデザイン

プラットフォームの強みはネットワーク効果であるが，これを仲介制度としてデザインし，管理することが重要である．特に，デジタル・プラットフォームはネットワーク効果を生もうとデザインされていると考えられる．その仕掛けとして，提供する財やサービスについて典型的にレーティング，レビュー，そしてオススメの機能がある．

デジタル・プラットフォームも含めて，一般にプラットフォームが形成される前には，典型的に買い手と売り手の間での交渉により財が取引され，資源配分が決まる[5]．例えば，ギオーム・ハーリンジャー (2020) が著書『マーケットデザイン：オークションとマッチングの理論・実践』の第1章で紹介している例を2つ紹介しよう．1つ目は米国の小麦市場である．19世紀半ばまで，小麦はその品質がバラバラで，売り手と買い手の見本による交渉によって取引が行

---

[5] 交渉はゲーム理論で研究されており，その紹介については本シリーズの「非協力ゲーム理論」と「協力ゲーム理論」の巻を参照のこと．

われていた．1948年にシカゴ商品取引所というプラットフォームが設立され，小麦に品質で等級を作ることで，同じ等級の小麦であれば同一のものとみなされ取引の安全性が担保され，交渉ではなく取引所の働きによって流通が始まった．このように，取引所というプラットフォームの設立も重要であるが，同様に財をデザインして取引をしやすくすることも市場を機能させる上では重要である．2つ目はエチオピアの穀物市場である．2008年以前のエチオピアの作物はアメリカの小麦と同様に，交渉によって取引が行われて市場に厚みがなかったばかりでなく，支払いの遅れなど取引の決済に問題があったため安心・安全ではなかった．2008年にエチオピア商品取引所というプラットフォームが設立され，取引の安心・安全を高めて市場に厚みをもたせるようになった．

このようにして，利便性を追求した結果，歴史的に構築されたプラットフォームは同時にネットワーク効果も生み出している．今般は，デジタルのプラットフォームでいかにネットワーク効果を生み出すかが重要になっている．代表的なネットワーク効果を生み出す仕掛けに，**レーティング**，**レビュー**，**オススメ**がある．

レーティングは，対象となる財について購入者がその評価を典型的に5段階で評価するもので，その評価した人数も表示されることが多い．一方で，レビューは対象となる財について購入者が自由にその感想を書いたものであり，財について5段階評価だけではなく，他のさまざまな側面について伝えるものである．これらは財に対する評価であるが，オススメは過去の購入者の履歴データなどを用いてAI（人工知能）やアルゴリズムなどに計算させ，財の購入を検討中の人に対して関心をもちそうな関連する財を表示するものである．これらは財を購入する人が増えれば増えるほど，その財に関する情報が蓄積し，そのプラットフォーム参加者に有益な情報をもたらすネットワーク効果であるといえる．

プラットフォームという仲介の制度がうまく機能するには，5.1.3項で紹介したように，そこで扱われている財やサービスについて安全性や安心感が求められる．レーティングやレビューは，情報の経済学で扱われる逆選択問題やモラルハザード問題を克服する1つの手段である[6]．一方で，これらは情報が正確

---

[6] モラルハザードとは，取引に関わる一方の意思決定者の行動が，他方の意思決定者に完全には観察できないことから生じる問題で，観察できた場合よりも努力を怠った行動を取る場合のことである．レビューシステムがあるために，例えば，売り手はレビューで特定されることを恐れて努力を怠らないインセンティブがある．

でないときもあり，情報提供者の正直さや表現力に依存する．この点を克服するため，著名人にレーティングやレビューをしてもらうことも多い．

これまで紹介したレーティング，レビュー，オススメは，ショッピングセンターなどの伝統的なプラットフォームでは，個別の売り手がポップ[7]やチラシで掲示をしてきたものであるといえる．デジタル・プラットフォームはこの点で進化している．インターネット上の売り手や買い手の行動履歴などはすべて記録して分析できて，さらにプラットフォーム全体としてこれらを作成し管理するところに特徴があるため，デジタル・プラットフォームはネットワーク効果を創出し，また管理しているといえる．

5.3 プラットフォームのモデル分析

5.1.2 項では，ネットワーク効果が存在しない，伝統的な市場として完全競争市場を紹介した．そこでは，需要や供給の意思決定には価格のみが重要な役割を果たす．しかし，ネットワーク効果が存在すると，価格だけでなくそのプラットフォームの参加者数が意思決定に影響を及ぼす．本節では，Belleflamme and Peitz (2018) のモデルに従って，ネットワーク財というネットワーク効果をもつ財が取引される市場においてのプラットフォームを紹介する[8]．

5.3.1 モデル

ネットワーク効果をもつ財であるネットワーク財が提供される市場においてプラットフォームを考える．ネットワーク財は 1 種類とする．ネットワーク財をプラットフォームを通して需要する意思決定者（ユーザーと呼ぶ）の行動を戦略型ゲームとして定式化して，需要関数を導出しよう．

ユーザーの集合を N として，総数を $\bar{n} = |N|$ とする[9]．各ユーザーはプラッ

---

[7] ポップとは point of purchase advertising の略で購買時点広告のことで，売り場に設置されている広告や展示物のことを指す．
[8] プラットフォームに関する分析は近年活発になされている．これらの文献では，プラットフォームに売り手と買い手の 2 つのタイプの意思決定者がいて，一方の側が他方の側にネットワーク効果をもたらす二面市場が多く取り上げられている．二面市場は両面市場や二部市場とも呼ばれ，4.1 節で紹介した二部マッチング市場に，金銭的取引を許容したモデルである．簡単化のため，二面市場のモデルは本シリーズのプラットフォームのデザインの巻に譲ることとする．
[9] 以下では，ユーザーは連続的に分布すると考えており，集合 N は無限集合である．ここでの総数 $|N|$ は集合 N の大きさであり，数学的には集合 N のルベーグ測度である．

トフォームに参加して財を 1 単位購入するか,あるいは参加せずに財を購入しないかの 2 つの選択肢をもつ.参加しないという選択肢はアウトサイド・オプションと呼ばれる.参加を J,不参加を O と表すと,ユーザー i の戦略集合は $S_i = \{J, O\}$ となる.

ユーザーがプラットフォームに参加しないときの効用は 0 として基準化する.ユーザー i がプラットフォームに参加するときの効用は,式 (5.1) に従って,

$$u_i = \theta_i n - p \tag{5.3}$$

とする.ただし,簡単化のため式 (5.1) において $v_i = 0$ としている.ネットワーク効果 $\theta_i n$ の係数 $\theta \geq 0$ は非負であると仮定する.いい換えると,ネットワーク効果は正の外部性,あるいは外部性なしの場合を考えている.そして,係数 θ はユーザーごとに異なるとし,ユーザー i の係数を θ_i と表す.これをユーザーのタイプと呼ぶ.異なるタイプのユーザーが複数いて,タイプは区間 $[0, 1]$ に一様分布していると仮定する.戦略の組 $s = (s_i)_{i \in N}$ が与えられたとき,参加者総数 n^e は

$$n^e(s) = |\{i \in N \mid s_i = J\}| \tag{5.4}$$

と定義できる [10].また,ユーザーはプラットフォームに参加するとき参加料金 p を支払う必要がある.参加料金は正 ($p > 0$) と仮定する.まとめると,戦略の組 $s = (s_i)_{i \in N}$ が与えられたときに,タイプ θ のユーザー i が得る効用 $u_i(s; \theta)$ は

$$u_i(s_i, s_{-i}; \theta) = \begin{cases} \theta n^e(s) - p, & s_i = J \text{ の場合} \\ 0, & s_i = O \text{ の場合} \end{cases}$$

と表される.ここで,$s_{-i} = (s_j)_{j \neq i}$ はユーザー i 以外のユーザーの戦略の組を表す [11].

以上で,参加料金 p が与えられたときに,ユーザーが参加するか否かの戦略型ゲームを記述することができた.

---

[10] 脚注 9 と同様に,N の部分集合 A に対する大きさを $|A|$ で表しており,集合 A のルベーグ測度である.
[11] この表記も含めて,3.1 節のゲーム理論での表記と合わせている.

5.3.2 ユーザーの行動：需要関数の導出

前項の戦略型ゲームのナッシュ均衡を求めて，ナッシュ均衡における需要関数を導出しよう[12]．第3章では利得表で表される戦略型ゲームでのナッシュ均衡を求めたが，比較的容易に求められた．しかし，前項で導入したゲームを含めた，利得表で表されないようなゲームの多くでは，ナッシュ均衡を見つけることは容易でない．このようなとき通常用いられるアプローチは以下の手順である．最初に，ナッシュ均衡が満たす条件を求めて，その条件を満たす戦略の組の候補を作る．そして，それがナッシュ均衡であることを確認する．本項でもこのアプローチを採用する．そして，ナッシュ均衡から導かれる需要関数を求める．ここで，需要関数は，任意の価格 p についてプラットフォームの参加者総数 $n^e(s)$ に相当することに注意しよう．

戦略の組 s が与えられていて，これがナッシュ均衡であるとしよう．タイプ θ のユーザーがプラットフォームに参加するのは，参加の効用値が不参加の効用値 0 以上のときである．つまり，

$$\text{タイプ}\theta\text{が参加する} \Leftrightarrow \theta n^e(s) - p \geq 0 \tag{5.5}$$

であることに留意しよう．

ケース1：$n^e(s) = 0$ の場合．このとき，戦略の組 s の下で，すべてのユーザーがプラットフォームに参加していない．よって，任意のユーザー i を取り，このユーザーのタイプを θ_i とすると，

$$\theta_i n^e(s) - p = -p < 0$$

が成り立つ．よって，式 (5.5) より，どんな参加料金 $p(>0)$ であっても，ユーザー i はプラットフォームに参加しないことが最適となる[13]．したがって，全ユーザーが参加しないことがナッシュ均衡である．

このケースでの需要関数は，明らかにどんな参加料金 p に対しても需要量

---

[12] 本節ではナッシュ均衡を求めたが，別の方法として，参加者数の期待値 n^e と実際の参加者数 n が一致するように求める自己実現均衡 (self-fulfilling equilibrium) がある．この均衡における参加者数はナッシュ均衡と同じになる．
[13] 参加により $n^e(s'_i, s_{-i})$ は変わると思われるかもしれない．しかし，いまはユーザーが無限にいるので，1人のユーザーはアトムレス (atomless) であり，大きさ（測度）が 0 なので，結果は変わらない．

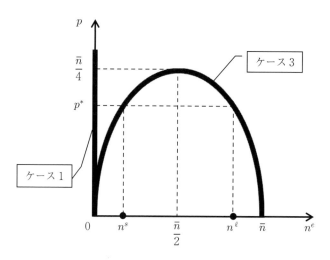

図 5.3 需要関数

横軸が参加者総数で需要量，縦軸が参加料金を表す．太字の部分が需要曲線である．例えば，参加料金が p^* のとき，需要量は $0, n^s = \frac{1}{2} - \sqrt{\frac{1}{4} - \frac{p^*}{\bar{n}}}, n^\ell = \frac{1}{2} + \sqrt{\frac{1}{4} - \frac{p^*}{\bar{n}}}$ の3つがある．

$n^e(s) = 0$ となる．この点については図5.3を参照されたい．

ケース 2：$n^e(s) = \bar{n}$ の場合．このとき，戦略の組 s ですべてのユーザーがプラットフォームに参加している．任意のユーザー i を取り，このユーザーのタイプを θ_i とすると，式 (5.5) より，

$$\theta_i n^e(s) - p = \theta_i \bar{n} - p \geq 0$$

が成り立つ必要がある．しかし，区間 $[0, \frac{p}{\bar{n}})$ のタイプについてはこの不等式を満たさない．つまり，このタイプはいかなる p であっても参加よりも不参加を選ぶ．したがって，$n^e(s) = \bar{n}$ となるようなナッシュ均衡は存在しない．

ケース 3：$0 < n^e(s) < \bar{n}$ の場合．このとき，参加するユーザーと参加しないユーザーが混在している．参加と不参加が無差別になるようなタイプを $\hat{\theta}$ と表すと，式 (5.5) より

$$\hat{\theta} n^e(s) - p = 0$$

となる．よって，タイプ $\hat{\theta}$ は

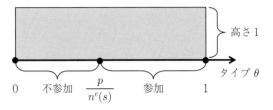

図 5.4 タイプの分布

ユーザーのタイプは区間 $[0,1]$ に一様に分布しており，閾値 $\hat{\theta}$ より小さいタイプはプラットフォームに不参加で，閾値 $\hat{\theta}$ より大きいタイプはプラットフォームに参加する．

$$\hat{\theta} = \frac{p}{n^e(s)} \tag{5.6}$$

と計算できる．このとき，式 (5.5) より

1. $\theta \geq \hat{\theta}$ を満たすタイプ θ はプラットフォームに参加し，
2. $\theta < \hat{\theta}$ を満たすタイプ θ はプラットフォームに参加しない，

となる戦略の組がナッシュ均衡となる（図 5.4 を参照）．したがって，参加者総数 $n^e(s)$ は

$$n^e(s) = \bar{n}\left(1 - \hat{\theta}\right) \tag{5.7}$$

となる．よって，式 (5.6) と式 (5.7) より，タイプ $\hat{\theta}$ は

$$\hat{\theta} = \frac{p}{n^e(s)} = \frac{p}{\bar{n}(1-\hat{\theta})} \Rightarrow \hat{\theta} = \frac{1}{2} \pm \sqrt{\frac{1}{4} - \frac{p}{\bar{n}}} \tag{5.8}$$

となる．したがって，参加料金 p については

$$0 < p \leq \frac{\bar{n}}{4}$$

を満たす必要がある．これまでの議論により，参加料金が $0 < p \leq \frac{\bar{n}}{4}$ のとき，$\hat{\theta}$ 以上のタイプは参加し，$\hat{\theta}$ より下のタイプは参加しないという戦略の組がナッシュ均衡となる．

続けて，ケース 3 における需要関数を求めよう．ここで，需要量は $n^e(s)$ であることに留意して，式 (5.6) と式 (5.7) より，

$$n^e(s) = \bar{n}\left(1 - \frac{p}{n^e(s)}\right)$$

$$\Rightarrow p = n^e(s)\left(1 - \frac{n^e(s)}{\bar{n}}\right) = -\frac{1}{\bar{n}}\left(n^e(s) - \frac{\bar{n}}{2}\right)^2 + \frac{\bar{n}}{4} \quad (5.9)$$

が得られる．これは価格 p を需要量 n^e の関数として表現しているので逆需要関数と呼ばれる．式 (5.7) に式 (5.8) の $\hat{\theta}$ を代入して，需要関数

$$n^e = \bar{n}\left(\frac{1}{2} \pm \sqrt{\frac{1}{4} - \frac{p}{\bar{n}}}\right) \quad (5.10)$$

を得る．この式は任意の価格 $p > 0$ に対して 2 つの需要量を与えることがわかる．特に，n^e の 2 つのうち，小さい方を n^s，大きい方を n^ℓ と表す．式 (5.9) を使って需要関数を図示すると，図 5.3 のように山の形をしている．

これまでをまとめて，需要関数全体の振る舞いについて議論しよう．図 5.1 でわかるように，通常の需要関数は右下がりになり，価格が高ければ高いほど需要量が少なくなる．しかし，ネットワーク効果を考えると図 5.3 でわかるように，通常とは異なり需要関数に右上がりになる部分が生まれることが特徴的である．

また，参加料金が高すぎると $(p > \frac{\bar{n}}{4})$，需要量は 0 になる．しかし，参加料金がある程度低いと $(p \leq \frac{\bar{n}}{4})$，例えば図 5.3 の p^* のとき，

1. 市場が成立しない（需要量 0），
2. 市場が小規模（需要量 n^s），
3. 市場が大規模（需要量 n^ℓ），

の 3 つのうち，いずれかがナッシュ均衡の結果として生じることになる．どのナッシュ均衡が実現するかは事前にはわからず，予測不可能である．この点をどのようにして克服できるかについては，本章の最後で議論する．

5.3.3 価格戦略

前項で導出したユーザーの需要行動を基にして，プラットフォーム企業の価格戦略（参加料金の設定）を議論しよう．ここで，プラットフォーム企業は 1 人のユーザー当たり $c > 0$ の費用がかかり，固定費用はかからないとする．つまり，参加者総数が n のときの総費用は cn であり，限界費用は c となる．

(1) 完全競争市場

まずベンチマークとして完全競争的企業から始める．完全競争市場ではネットワーク財を提供する企業が無数にあり，企業はプライステイカー (price-taker) で価格（参加料金）を所与として行動する．完全競争市場での価格を p^c と表そう[14]．このとき，ミクロ経済学の企業理論によると，企業は価格と限界費用が等しくなるように供給量を選ぶ[15]．つまり，$p^c = c$ が成り立つ．前項で分析したように，この価格の下で需給が一致するナッシュ均衡取引量（ここでは，参加者数に等しい）は，0, n^s, n^ℓ の3つが存在する．ここでは，最も大きい均衡取引量 n^ℓ が選ばれると仮定する．よって，均衡取引量 n^c は，式 (5.10) を満たす n^s と n^ℓ のうち大きい方の n^ℓ に $p = c$ を代入して，

$$n^c = \bar{n}\left(\frac{1}{2} + \sqrt{\frac{1}{4} - \frac{c}{\bar{n}}}\right) \tag{5.11}$$

となる．以上の議論は図 5.5 で確認できる．限界費用 c が $\frac{\bar{n}}{4}$ を超えるような場

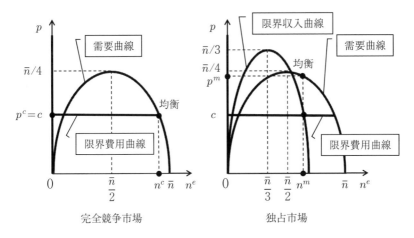

図 5.5 完全競争市場と独占市場の均衡

左図は完全競争市場の均衡を示している．限界費用 c に一致するように価格 p^c が決まり，この p^c と一致する需要曲線との（右側の）交点で市場規模 n^c が決まる．右図は独占市場の均衡を示している．限界費用曲線と限界収入曲線の交点で市場規模 n^m が決まり，この n^m が需要量となる価格が p^m となる．ここで，経済学の慣例に従い，限界費用を表す曲線を限界費用曲線，限界収入を表す曲線を限界収入曲線と呼んでいる．

---

14) 完全競争市場の英語は perfectly competitive markets なので，上付き添え字に c を用いている．
15) この点については入門的なミクロ経済学の書籍，例えば神取 (2014) を参照のこと．

合は，企業は生産を行わずモデルとして面白くないので，限界費用 c は $\frac{\bar{n}}{4}$ 以下であると仮定する．つまり，

$$0 < c \leq \frac{\bar{n}}{4} \tag{5.12}$$

とする．

(2) 独占市場

次に，プラットフォーム企業が独占的である場合，つまりプラットフォームを提供する企業が 1 つだけの場合を考える．完全競争市場の場合と同様に，ナッシュ均衡が複数ある場合は，最も需要量の大きい n^ℓ がナッシュ均衡として現れると仮定する．この供給量を n^m と表す[16]．独占的なプラットフォーム企業の収入は，価格 p に供給量 n^m をかけて

$$R(n^m) = pn^m = n^m \left(1 - \frac{n^m}{\bar{n}}\right) n^m$$

として，n^m の関数として表せる．ここで，左から 2 つ目の等式では式 (5.9) を用いた．すると，独占的なプラットフォーム企業の利潤は $R(n^m) - cn^m$ となる．利潤最大化の条件は，利潤を n^m で微分して 0 と置いて，$R'(n^m) = c$ が成り立つことである．これを解く n^m を求めるために，収入 $R(n^m)$ を微分した限界収入は，

$$R'(n^m) = -\frac{3}{\bar{n}} \left(n^m - \frac{\bar{n}}{3}\right)^2 + \frac{\bar{n}}{3}$$

となる．したがって，企業は大きい方の n^ℓ を選んでいることに注意しながら方程式 $R'(n^m) = c$ を n^m について解くと，

$$n^m = \bar{n} \left(\frac{1}{3} + \sqrt{\frac{1}{9} - \frac{c}{3\bar{n}}}\right) \tag{5.13}$$

が得られる[17]．独占市場では企業が 1 社だけなので，価格が高すぎない限りどのような供給量であれ，それは需要されることに注意しよう．このときの価

---

[16] 独占の英語は monopoly なので，上付き添字に m を用いた．
[17] ここでの分析は厳密にいうと，第 1 段階で独占企業の価格選択，そして第 2 段階で価格を観察した下でユーザーのプラットフォーム参加決定という展開形ゲームになっている．本項での均衡は部分ゲーム完全均衡といわれ，重要な均衡概念である．詳しくは，本シリーズの非協力ゲーム理論の巻を参照のこと．

格 p^m は逆需要関数 (5.9) に $n^e = n^m$ を代入して得られる．図 5.5 では，いま計算した n^m と先に求めた n^c が需要関数とどのように関係しているかを描いている．

完全競争市場と独占市場における取引量と価格を比較すると，

$$n^m < n^c, \quad p^c < p^m \tag{5.14}$$

となる．これを確かめよう．まず，式 (5.11) と式 (5.13) より $n^m < n^c$ となることがわかる[18]．また，図 5.5 より，$p^c < p^m$ も確認できる．つまり，独占市場の市場規模（参加者総数）は完全競争市場よりも小さくなるが，参加料金は高くなることがわかる．

(3) 総余剰を最大化する市場規模

パレート効率的な配分における市場規模（参加者総数）を求めよう．ユーザーの効用は式 (5.3) のように準線形としているので，第 2 章で紹介した総余剰を定義することができる．総余剰を最大化することでパレート効率的な配分が得られる．本モデルでの総余剰は，市場全体のユーザーの効用和から費用を差し引いたものである．市場規模（参加者総数）n が与えられたとき，総余剰を最大化するには高いタイプからプラットフォームに参加させる必要がある．よって，プラットフォームに参加するタイプの区間を $[\theta, 1]$ とすると，$n = (1-\theta)\bar{n}$ が成り立つ．これより，$\theta = 1 - \frac{n}{\bar{n}}$ となる．よって，総余剰 $W(n)$ は

$$W(n) = \int_{1-\frac{n}{\bar{n}}}^{1} \bar{n}\theta n d\theta - cn = n^2 - \frac{n^3}{2\bar{n}} - cn$$

と計算できる．ここで，総余剰 $W(n)$ は市場規模 n の下で総余剰を最大化したものであることに留意しよう．このため総余剰を最大化するには，$W(n)$ を n に関して最大化する必要がある．この総余剰を最大化する n を n^* と表す．ここで，$0 < n < \bar{n}$ となる任意の n について

---

[18] $n^m < n^c$ を示そう．$f(c) = \frac{n^c - n^m}{\bar{n}} = \left(\frac{1}{2} + \sqrt{\frac{1}{4} - \frac{c}{\bar{n}}}\right) - \left(\frac{1}{3} + \sqrt{\frac{1}{9} - \frac{c}{3\bar{n}}}\right)$ と置く．まず，$f(0) = \frac{1}{3}$，$f(\frac{\bar{n}}{4}) = 0$ となる．そして，$f'(c) = \frac{\frac{1}{6}\sqrt{1 - \frac{4c}{\bar{n}}} - \frac{1}{3}\sqrt{1 - \frac{3c}{\bar{n}}}}{2\bar{n}\sqrt{\left(\frac{1}{9} - \frac{c}{3\bar{n}}\right)\left(\frac{1}{4} - \frac{c}{\bar{n}}\right)}} < 0$ となる．したがって，任意の $c \in [0, 4/\bar{n}]$ について，$f(c) > 0$ が得られる．ゆえに，$n^c > n^m$ が得られる．

$$\begin{aligned}
W(\bar{n}) - W(n) &= \left(\bar{n}^2 - \frac{\bar{n}^2}{2} - c\bar{n}\right) - \left(n^2 - \frac{n^3}{2\bar{n}} - cn\right) \\
&= \frac{\bar{n}-n}{2\bar{n}}\left(\bar{n}^2 + n(\bar{n}-n) - 2\bar{n}c\right) \\
&\geq \frac{\bar{n}-n}{2\bar{n}}\left(\bar{n}^2 + n(\bar{n}-n) - \frac{\bar{n}^2}{2}\right) \quad (\because \text{仮定 } c \leq \frac{\bar{n}}{4} \text{ より}) \\
&= \frac{\bar{n}-n}{2\bar{n}}\left(\frac{\bar{n}^2}{2} + n(\bar{n}-n)\right) \\
&> 0
\end{aligned}$$

と計算できる．したがって，総余剰は $\bar{n}$ で最大化されることがわかる．つまり，

$$n^* = \bar{n} \tag{5.15}$$

である．

これまでの議論を以下の命題としてまとめよう．

> 命題：ネットワーク効果のあるプラットフォームで，複数のナッシュ均衡が存在する場合は参加者総数が最も多い均衡が生じると仮定する．式 (5.14) と式 (5.15) より，
>
> $$n^m < n^c < \bar{n}, \quad p^c < p^m$$
>
> が成り立つ．いい換えると，
>
> 1. 独占市場では完全競争市場よりも市場規模（参加者総数）が小さくなり，料金も高く設定される．
> 2. 独占市場も完全競争市場のどちらとも総余剰を最大化するには不十分な市場規模になる．

上記の命題の 1 点目は，ネットワーク効果の有無にかかわらず独占市場全般に通じる．一方，2 点目はネットワーク効果特有の結果である．つまり，ネットワーク効果がない完全競争市場では総余剰の最大化が達成されるが，ネットワーク効果がある場合は，独占市場だけでなく完全競争市場でも総余剰最大化が達成されないことを示している．

完全競争市場では価格は市場で決まっているので，価格戦略はプラットフォーム企業の戦略の範囲にない．一方，価格を操作できる独占市場においては，参加者総数が全くいない均衡（需要量 0），中規模の均衡（需要量 n^s），大規模の均衡（需要量 n^ℓ）が潜在的に存在する．独占企業にとっては，参加者総数の大規模な均衡の実現が望ましい．本章で検討したモデルでは，プラットフォームに参加するかどうかの意思決定は同時に決定されるとした．しかし，実際には時間の経過とともに意思決定は行われ，ユーザーが意思決定をしようとする時点で，市場規模を観察できる場合もある．また，モデルでは他のユーザーに与える外部性がユーザー間で均一としていたが，現実にはインフルエンサーなどの外部性の大きいユーザーもいる．これらの 2 点を考慮してモデルを再構築することで，プラットフォーム企業には価格戦略だけでなくシーディング戦略 (seeding strategy) という戦略も選択肢となる [19]．

シーディング戦略は，seeding の訳の種蒔きから連想できるように，インパクトのあるユーザー（つまり，他のユーザーに大きな外部性を与えるユーザーで，例えばインフルエンサーや有名な大テナントなど）を呼び込み（種を蒔いて），彼らに引き連れられて次々とユーザーの参加を促すような戦略である．

シーディング戦略は現実の環境にあわせた戦略で実際に観察されているが，その他にもプラットフォーム特有の戦略，例えばネットワーク効果創出を意図したレーティング，レビュー，オススメなど多くの戦略が検討されている．これらの詳しい点については，本シリーズのプラットフォームのデザインの巻に譲ることとする．

---

[19] 例えば，シーディング戦略については水野・阿部・新保 (2022) を参考のこと．

第 6 章
実証

第 2 章ではマーケットデザインの思想を以下のように定式化した．

1. 【特定】市場の特徴を捉えたモデルを構築し，問題を特定する．
2. 【目的】達成したい結果 f を明確に設定する．
3. 【確認】既存の制度が f を達成できるか確認する．
4. 【方法】その結果を導く実践可能な制度 g を設計する．
5. 【調整】設計された制度と現実の間に生じるギャップを埋める．

　マーケットデザインが対象とする市場は広く，周波数オークション，学校選択制度，臓器移植制度と多岐に渡る．他の市場でうまく機能している制度を，自分の扱う市場に適用しても必ずしも望ましい結果になるとは限らない．私たちが対象とする「制度」は，機械ではなく，意思をもつ人間の行動選択で成否が決まるからである．

　理論的に望ましい制度が設計できたとして，その制度が現実の人間の行動選択により望ましい結果を達成できるかを確認して，調整することが必要になる．意思決定者をモデル化して理論的に確かめるだけでなく，意思決定者を現実の人々に置き換えて実際の選択行動により確かめることができると，制度責任者や利害関係者への大きな説得材料となり，制度の実装がより確実に進む．

　制度を人々の実際の行動で評価するために有効なのが，経済実験，フィールド実験，そして構造推定である．共通するのが，ある特定の制度で理論が想定するような結果になるかということである．これは，制度の違いが原因となって結果が生じるかという因果関係を知りたいということである．経済実験やフィールド実験では，実験者が実験環境を統制してデータを収集する．実験参加者（被験者）を対照群（コントロール・グループ）と介入群（トリートメント・グループ）に分けて，対照群ではある制度（典型的に既存の制度），介入群では別な制

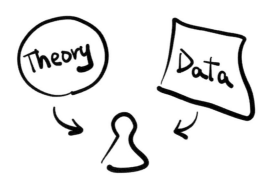

度（典型的に設計した制度）で実験をする．このことにより，実験結果の違いがあれば，それは制度の違いに起因することになり，制度の評価が可能になる．構造推定は，実際の制度で観察されたデータを用いて，モデルのパラメータを推計することで，実際の人々の行動を予測し，別の制度ではどのように振る舞うかという反実仮想により評価する．一方で，理論モデルのなかでさまざまな条件を変更して，ときには実験データや観察データを用いながら数値実験で確かめるのがシミュレーションである．

本章では，経済実験，フィールド実験，構造推定，シミュレーション（数値計算実験）を取り上げる．そして，マッチング市場を例として，マーケットデザインにおいてそれぞれが果たす役割を解説する．

6.1 経済実験

6.1.1 経済実験の役割

経済実験は，理論が想定している環境を実験室で仮想的に作り出して，理論結果を検証する．この検証では，選好などの実際には観測できないパラメータを統制した上で，被験者がどのように振る舞うかについてデータを収集して，理論と照合する．

Roth (1995) は，動機付け，説得したい相手に応じて，経済実験を分類している．1つ目は「理論家への話しかけ (Speaking to Theorists)」，2つ目は「事実の探索 (Searching for Facts)」，3つ目は「君主の耳元へのささやき (Whispering in the Ears of Princes)」である．

これらの分類を Roth (1995) に従って説明する．1つ目の「理論家への話し

かけ」は，明確に記述された理論の予測を検証し，予測されなかった規則性を観察するようにデザインされた実験のことを指す．2つ目の「事実の探索」は，既存の理論では確認できない事実についてデザインされた実験のことを指す．3つ目の「君主の耳元へのささやき」は，経済実験実施者と政策立案者との対話に関わっており，例えば，市場のデザインの変更がどういう影響を与えるかについて，政策立案者を説得させるための実験である．

上記の分類に従うと，明らかに，マーケットデザインにおける経済実験の分類は，3つ目の「君主の耳元へのささやき」である[1]．ここでの政策立案者は，第2章での制度設計者であり，政府関係者だけではない．設計した制度が制度設計者が想定するような結果になるかどうかを経済実験で確かめることが，マーケットデザインにおける経済実験の役割である．

6.1.2　経済実験の例：学校選択問題

マーケットデザインにおける経済実験の有効性を示した例として，Chen and Sönmez (2006) の学校選択制度におけるマッチングメカニズムの実験がある．

学校選択問題は，入学予定の生徒をどの公立学校に割り当てるかという問題であり，Abdulkadiroglu and Sönmez (2003) によってモデル化がなされた．これは第4章で取り上げた多対一マッチング問題であり，生徒が労働者の役割，（公立）学校が企業の役割になる．学校選択問題が第4章の多対一マッチング問題と異なる点は，前者では学校の選好は自治体のルールにより決められているので，学校は受身的で意思決定者とは扱わないという点である．このため，学校の選好を優先順序と呼び，生徒のみを意思決定者として考える．このように多対一マッチング問題で一方の側が意思決定者でない問題は，学校選択問題ばかりでなく，現実にも多くの例があり，一般的に非分割財配分問題と呼ばれる[2]．学校選択問題は，以下のように定義される．

---

[1] 3つの分類は排反ではなく，ある分類を目的としていても，同時に他の分類に対応する実験になっていることもある．
[2] 非分割財とは，自動車やパソコンのように，分割するとその財の価値がなくなるような単位が存在する財のことである．

$[I, S, P_I, P_S, q]$

- $I = \{i_1, i_2, \cdots, i_n\}$：生徒の集合
- $S = \{s_1, s_2, \cdots, s_m\}$：学校の集合
- $P_I = (P_i)_{i \in I}$：生徒の選好の組
- $P_S = (P_s)_{s \in S}$：学校の優先順序の組
- $q = (q_s)_{s \in S}$：学校の定員のベクトル

学校選択問題は，第4章にある多対一マッチング問題で，労働者を生徒，企業を学校と変更したものである．よって，n 名の生徒と m の数の学校があり，各生徒 i は選好 P_i をもつ．一方，各学校 s は優先順序 P_s をもっており，学生を定員 q_s まで受け入れることができる．ただし，優先順序は外生的な基準，典型的には住居学区やその学校に通学している兄弟姉妹の有無によって決まる．

従来から世界各国で用いられている学校選択問題でのマッチングメカニズムは，通学区域制度と呼ばれ，生徒をその生徒が住む学区の学校に強制的に割り当てるものであり，生徒の選好は反映されない．米国では，（白人などが多い）富裕層は特定の地域，（黒人などが多い）貧困層は別な特定の地域に居住する傾向があり，生徒を学区の学校に割り当てると，学校間で人種や経済背景の偏りが生じてしまう．そこで，米国では人種間の積極的格差是正措置 (affirmative action) として，1980年代後半から人種間の融合が進むようなマッチングメカニズムが導入された．日本でも2000年ごろから一部の自治体で小中学校においては，生徒の選好を反映させるような上記の通学区域制度とは異なるマッチングメカニズムが導入されている．

米国で，通学区域制度に代わるマッチングメカニズムとして当初多くの自治体で採用されたのは先着順メカニズムであった．このメカニズムは SP でないので，生徒に対して，真の選好順位が低くても自分への優先順序が高い学校を高くするような（虚偽の）選好を報告するインセンティブをもたらす（この例は本項の後半で取り上げる）．Abdulkadiroglu and Sönmez (2003) は，このメカニズムが SP でないことを指摘し，改善案として SP を満たす DA メカニズ

ムと TTC (Top Trading Cycles) メカニズムを提案した[3]．この論文の出版後すぐに，この論文の著者の Abdulkadiroglu と Sönmez に，Pathak と Roth が加わったチームがボストン市当局者と協議して，2005 年より先着順メカニズムの代わりに DA メカニズムへ移行することが決まった (Abdulkadiroglu, Pathak, Roth, and Sönmez, 2005)．Sönmez (2023) は，その協議において当局者を説得するのに経済実験が有効であったと述べている．特に，先着順メカニズムが SP でなく，生徒たちが戦略的に虚偽報告をしていることがボストン市では問題になっていた．Chen and Sönmez (2006) は先着順メカニズムでは被験者の虚偽報告が多く，DA メカニズムでは虚偽報告が少なかった（真実報告が多かった）ことを経済実験で示した．

具体的に経済実験がどういうものかを理解するために，簡単な例を通じて学校選択マッチングメカニズムの実験をみてみよう．実験環境として，

- $I = \{i_1, i_2, i_3\}$：生徒の集合
- $S = \{s_1, s_2, s_3\}$：学校の集合
- $P_I = (P_{i_1}, P_{i_2}, P_{i_3})$：生徒の選好の組
- $P_S = (P_{s_1}, P_{s_2}, P_{s_3})$：学校の選好（優先順序）の組
- $q = (q_{s_1}, q_{s_2}, q_{s_3}) = (1, 1, 1)$

と特定化する．

経済実験の目的として，先着順メカニズムと（生徒提案型）DA メカニズムでは，どちらの虚偽報告が多いかを検証したいとする．そのために経済実験の設計を行う必要がある．被験者に生徒役になってもらい，ランダムに対照群と介入群に分ける．例えば，対照群の被験者には先着順メカニズム，介入群の被験者には DA メカニズムに参加してもらい，どのような選好を報告するか観察する[4]．これにより，メカニズム間での虚偽報告の割合を調べることができる．そのため，真の選好順序として

$$\text{生徒 } i_1 \text{ の選好順序 } P_{i_1} : s_1, s_2, s_3, \emptyset$$

---

[3] TTC メカニズムについては，本シリーズのマッチング理論の巻や栗野 (2019) を参照されたい．また，第 4 章でも説明したが，先着順メカニズムはボストンメカニズムと呼ばれることも多く，近年では受入即決 (immediate acceptance) メカニズムとも呼ばれている．

[4] このような実験デザインは被験者間実験と呼ばれる．

生徒 i_2 の選好順序 $P_{i_2} : s_1, s_2, s_3, \varnothing$

生徒 i_3 の選好順序 $P_{i_3} : s_2, s_1, s_3, \varnothing$

と設定する．そして，実験の設定として，すべての生徒が他の生徒の選好も知っていることとして，被験者にはこの選好の組の情報も与える．各生徒役に割り当てられた被験者がこれらの選好を真として行動してもらうために，金銭的報酬を与える．上記の選好の下で第 1 志望にマッチしたときは 3,000 円，第 2 志望にマッチしたときは 2,000 円，第 3 志望にマッチしたときは 1,000 円，第 4 志望にマッチしたときは 0 円という報酬を，被験者に実験終了後に与える．例えば，生徒 i_2 役の被験者は第 1 志望の学校 s_1 にマッチすると報酬 3,000 円もらえる．

最後に，先着順メカニズムで生徒が真実報告するよりも虚偽報告した方が，より好ましい学校とマッチできるような環境として，学校の優先順序を次のように設定する．

学校 s_1 の優先順序 $P_{s_1} : i_2, i_1, i_3, \varnothing$

学校 s_2 の優先順序 $P_{s_2} : i_1, i_2, i_3, \varnothing$

学校 s_3 の優先順序 $P_{s_3} : i_1, i_2, i_3, \varnothing$

実験の設定として，すべての生徒は学校の優先順序を知っているものとし，被験者に優先順序の情報も与える．

真の選好に従ってすべての被験者が真の選好を報告すると，先着順メカニズムでは

$$\begin{pmatrix} i_1 & i_2 & i_3 \\ s_3 & s_1 & s_2 \end{pmatrix}$$

というマッチングが得られる．マッチングの過程をみてみると，例えば生徒 i_1 はステップ 1 で第 1 志望の学校 s_1 に応募するが，優先順位の高い生徒 i_2 に敗れてステップ 2 に進む．生徒 i_1 は第 2 志望の学校 s_2 に応募するが，この学校は既にステップ 1 で生徒 i_3 を受け入れているので，生徒 i_1 は断られてしまい，結局のところ第 3 志望の学校 s_3 にマッチする．しかし，生徒 i_1 が自分を優先順序で 1 位に置く，第 2 志望の学校 s_2 を第 1 志望にした

生徒 i_1 の虚偽の選好 $P'_{i_1} : s_2, s_1, s_3, \emptyset$

を報告すると，第 2 志望の学校 s_2 とマッチできる．したがって，生徒 i_1 は真の選好を報告して第 3 志望の学校にマッチするよりも，虚偽の選好を報告して第 2 志望の学校にマッチできるので，虚偽報告をするインセンティブがある．

一方で，生徒提案型 DA メカニズムにおいては全生徒が真の選好を報告すると

$$\begin{pmatrix} i_1 & i_2 & i_3 \\ s_2 & s_1 & s_3 \end{pmatrix}$$

というマッチングが得られる．DA メカニズムは SP なのでどの生徒も虚偽報告するインセンティブはない．

このように先着順メカニズムで虚偽報告するインセンティブがあるような実験環境を作成すると，DA メカニズムと比較して被験者がどのくらい虚偽報告するかを観察することが可能となる．本項で紹介した実験環境とは異なるが，Chen and Sönmez (2006) は，虚偽報告率が先着順メカニズムで約 86%，DA メカニズムで約 28% と報告している．確かに，DA メカニズムは先着順メカニズムに比べて虚偽報告率が低いが，理論通りの 0 でない．つまり，比較という点で理論予測にあってはいるが，被験者は必ずしも理論通りに行動しないことも実験から観測できる．

経済実験により，新しく制度を設計するとき，実装する前にその制度を評価することが可能になる．一方で，経済実験の被験者は，実験のために集められてきた人々であり（実験の多くが大学で行われるので，被験者は学生であることがほとんどである），現実の市場に参加する人々と異なる．よって，実験結果が実験室の外で実際に成り立つかどうかという外的妥当性が問題になることもある．この点を念頭に置いて，実験結果は控えめに受け取る必要がある．

より詳しい経済実験については本シリーズの実験マーケットデザインの巻を参照されたい．

6.2 フィールド実験

6.2.1 フィールド実験の役割

経済実験の多くは，大学の実験室で行われ，被験者は大学生である．ところ

が，実際の市場の参加者は大学生に限らないので，経済実験の結果が実際に成り立つかという外的妥当性 (external validity) が問題になることがある．この問題を克服できるのが，フィールド実験 (field experiment) である．フィールド実験は，実験室の人工的環境ではなく，実際の環境を用いて，データを収集する実験である．安価に実験室で実施できる経済実験に比べて，フィールド実験は実際の市場で行うので実験費用は非常に高くなる場合が多い[5]．また，経済実験では選好を統制できるのに対し，フィールド実験では選好の統制が弱くなる．それでも，フィールド実験は経済実験の外的妥当性の問題を克服でき，実際の市場で行うので理論の有効性を高い精度で評価できる．

Harrison and List (2004) はフィールド実験を，以下のように人工型フィールド実験，枠組み型フィールド実験，自然型フィールド実験の3つに分類した．その分類は，(1) 被験者が一般人か否か，(2) 実験は実際の生活で観察されたか否か，(3) 被験者は自分が実験に参加していることを自覚しているか否かの基準で行われる．

1. 人工型フィールド実験 (artefactual field experiment)：この実験は被験者が一般の人であるという以外は，経済実験と同じである．人工型フィールド実験の被験者は自分が実験に参加していることを自覚している．人々が実験の対象であると自覚することにより，行動が変化してしまうというホーソン効果が問題となる．
2. 枠組み型フィールド実験 (framed field experiment)：この実験は，被験者が直面する財やサービス，作業，そして得られる情報など実際の生活のなかで行われるという点に特徴があり，この点以外は人工型フィールド実験と同じである．よって，枠組み型フィールド実験は，実験環境を現実に近づけるが，実験の条件を設定する．このことにより，ホーソン効果が生じる可能性がある．
3. 自然型フィールド実験 (natural field experiment)：この実験は，被験者が実験に参加していることを自覚しないことに特徴があり，この点以外は枠組み型フィールド実験と同じである．よって，ホーソン効果を取り除いた枠組み型フィールド実験といえる．

---

[5] 大雑把に，経済実験の費用は数十万円から数百万円，フィールド実験は数千万円から数億円かかる．

近年，自動運転や生体認証など新しい技術の登場とともに，政府や民間企業が実証実験をすることが増えている．著者らの個人的な経験では，これらの実証実験はフィールド実験ではあるが，単に技術が想定した通り機能したかどうかに焦点が当たり，どのような価格やマッチングメカニズムにすべきかといった制度の実験は非常に少ない．実証実験が実験だけで終わり実装されないことが多いのは，実は制度の実験をしていないからではないだろうか[6]．

6.2.2 フィールド実験の例

6.1.2 項で紹介した非分割財配分問題では，DA メカニズムと TTC メカニズムは SP なメカニズムとして有名である．経済実験では，これらのメカニズムが SP であるにもかかわらず，真実報告の率が DA で 57–76%，TTC で 62–96% と報告されており，100% と予想する理論との間にギャップがある[7]．これらの経済実験では，実験のインストラクションのなかで，被験者にアルゴリズムの説明はしても，その性質については伝えていない．これは実験実施者の態度や行動などで実験者の意図が被験者に伝わり，被験者が特定の行動をしてしまうという実験者効果を避けるためである．そこで，Guillen and Hakimov (2018) は，被験者にどのようなメカニズムの情報を与えれば真実報告を引き出すことに寄与するかについて，枠組み型フィールド実験を行った．ここでは，彼らの実験について紹介する．

この実験はシドニー大学で 700 人以上の大学 1 年生が履修する講義「ミクロ経済学入門」で行われた．学生は市場調査に関するレポートを 3 つのトピックのうち 1 つのトピックで執筆しなければならなかった．そのトピックはスマートフォン，テレビセット，スキャナーに設定された．また，レポート課題の得点は成績の 15% に換算された．実験は，トピックと学生をマッチさせる TTC メカニズムについてである[8]．講義の途中で 3 つのトピックが紹介されて，全学生がどのトピックを選びたいかを報告させた．その時点では TTC メカニズムには言及されておらず，単に選んだトピックが実際のトピックになると学生

---

[6] 依田・田中・伊藤 (2017) は，政府が実験の基本であるコントロール・グループを置くということを認識せず，政策の有効性が検証できていないことを報告している．
[7] 例えば，Calsamiglia, Haeringer, and Klijn (2010) は真実報告の率が DA で 57–58%，TTC で 62–74%，Pais and Pintér (2008) は DA で 67–82%，TTC で 87–96%，Pais, Pintér, and Veszteg (2011) は DA で 58–76%，TTC で 62–84% と報告している．
[8] 本書では TTC メカニズムについて解説していないが，ここではそれが SP であるという理解だけで読んでいただきたい．

は考えたと思われるので，この選んだトピックを第 1 志望の選好として真実報告の分析に用いた．その後に，メカニズムを用いてトピックを割り当てた．

　メカニズムに関する情報が真実報告に与える影響を調べるため，与える情報に応じて学生を 3 つのグループに分けた．1 つ目のグループは，対照群としてメカニズムの詳細を知らされたが，真実報告が常に最適であるという SP の性質は知らされなかった．2 つ目のグループは，介入群の 1 つ（介入群 1）として，メカニズムの詳細は知らされずに，用いるメカニズムは SP の性質を満たすことが知らされた．3 つ目のグループは，別な介入群（介入群 2）として，メカニズムの詳細と同時に，そのメカニズムが SP という性質を満たすことを知らされた．このように情報の量によってグループに分けて，各グループの行動を観察する．これにより情報の与え方が真実報告に与える影響をみることができる．

　実験結果は興味深い．メカニズムで報告された選好の第 1 志望のトピックが真実報告と異なる割合は，対照群で 18.77%，介入群 1 で 5.66%，介入群 2 で 8.89% であった．つまり，メカニズムの詳細を伝えるよりもむしろ，その性質だけを伝えた方が虚偽報告が少なくなるということである．また，SP という性質も同時に伝えた方がメカニズムの詳細だけよりも虚偽報告が少なくなるということである．

6.3　構造推定

6.3.1　構造推定の役割

　これまでは，実験環境を作り出して，データの収集を通して制度について検証する経済実験とフィールド実験を紹介してきた．一方で，制度が既に用いられている場合，実際の人々のデータが存在していることが多く，そのデータから選好などを推定して制度を評価することも可能である．このように非実験の観察データを用いて分析するアプローチとして，構造推定 (structural estimation) と誘導型推定 (reduced-form estimation) がある[9]．

　構造推定は，選好や制度を含めた理論モデルを先に特定化した上で，観察データを用いて選好などモデルのパラメータを推定する．一方で，誘導型推定はその

---

[9] 構造推定と誘導型推定の入門的解説については，澤田 (2020) や小西 (2022) を参照されたい．

ような理論モデルの特定化を行わずに，関心のある変数を推定する．マーケットデザインでは制度の違いに焦点を当てるので，特に構造推定が役に立つ．というのも，構造推定では人々の行動の基となる選好のパラメータを推定するので，さまざまな制度の下でそのような選好をもつ人々の行動を明らかにして，制度の結果を検討することができるからである．

構造推定により理論モデルの選好などパラメータを推定できれば，さまざまな視点から制度について検証することが可能となる．このような視点として，Agarwal and Budish (2021) は以下を挙げている．

1. 市場の失敗の診断 (Diagnosing market failures)[10]：マーケットデザインでは制度の細部が市場の結果に大きく影響を与えることが報告されている（例えば，Roth (2002)）．制度に欠陥があると市場の失敗につながる．よって，現行の制度を観察データを用いて診断することは，制度設計に必要な視点である．
2. デザインの評価と比較 (Evaluating and comparing designs)：現行の制度を他の制度と比較することは重要である．現行制度から得られた観察データを基に，制度から独立な選好を推定することで，他の制度での人々の行動がわかり（反実仮想），制度のパフォーマンスを測定する．この測定により，さまざまな制度の有効性を確認できる．
3. 新しい市場設計の提案 (Proposing new market designs)：上記の市場の失敗の診断，そしてデザインの評価と比較ができると，新しくデザインされた制度の評価にもなり，より望ましい制度の導入に対して科学的根拠が与えられる．

ただし，新しい市場を創り出そうとする場合，あるいは市場があったとしても観察データが存在しない場合には，構造推定による制度の評価はできない．

6.3.2 構造推定の例

研修医制度は，医学部を卒業したばかりの医学生が研修医として病院で研鑽を積む制度である．医学生にとってはどの病院で研修するかは自分のキャリア形

---

[10] ここでの「市場の失敗」とは，現行の市場の制度が制度設計者にとって望ましくない結果になることを指す．

成に非常に重要であることから，医学生はよりよい病院を希望する．病院も優秀な医学生を希望する．そこで，どのように医学生と病院をマッチするかが課題になる．これは第 4 章で学んだ多対一マッチング問題と捉えることができる．

米国でも日本でもこのマッチングに DA メカニズムが用いられている．日本の研修医マッチングでもそうだが，米国でも僻地の病院は研修先として人気がない．第 4 章では多対一マッチング問題において僻地病院定理を紹介したが，DA メカニズムのような安定マッチングを出力するメカニズムを用いると，僻地の病院は定員不足を解消することができない．そこで，僻地の病院を魅力的にするさまざまな施策が実施されているが，その 1 つが僻地の病院の賃金を高くするものである．これは医学生の選好において僻地病院の順位を高くするインセンティブを与える．僻地病院定理は，4.1.2 項で述べたように，安定マッチングにおいては，それぞれの選好の組について病院のマッチする研修医数は変わらない．しかし，研修医の選好が変わると，変わった後の選好の組では僻地病院定理が成りたつが，マッチする労働者数は変わる可能性がある．よって，研修医の選好に影響を与えることで，僻地病院は定理の悪夢を避けて，マッチする研修医を増やせる可能性がある．以下では，このような研修医に対するインセンティブ付けを構造推定で検討した Agarwal (2017) を紹介する．

医学生 i が病院 j にマッチしたときに得られる効用を

$$u_{ij} = U(z_{ij}, \xi_j, \eta_i)$$

とする．ここで，z_{ij} は医学生と病院に関わる（データにより）観察される特性（賃金など），ξ_j は病院特有のデータにより観察されない特性，そして η_i は医学生の個人的な好みを捉える，データで観察されない特性を表す．

そして，病院 j が医学生 i にマッチしたときに得られる効用を

$$h_{ji} = H(x_{ji}, \epsilon_i, \nu_j)$$

とする．ここで，x_{ji} は医学生と病院に関わる（賃金などの）観察される特性，ϵ_i は医者特有の観察されない特性，そして ν_j は病院の個別の好みを捉える，観察されない特性を表す．

構造推定ではモデルを特定化するので，関数 U と H を特定化し，さらに観察されない変数 $(\xi_j, \eta_i, \epsilon_i, \nu_j)$ がある確率分布に従うと仮定する．これらの変数が確定したあとに，医学生と病院の選好が得られることに留意しよう．そし

て，観察されたマッチングが安定マッチングと仮定して，特定化した効用関数のパラメータを推定する．

Agarwal (2017) は，2010–2011 年において診療科の 1 つである家庭医 (family medicine) プログラムのデータを用いて構造推定を行った．反実仮想として，現行の給与から上乗せされた報酬インセンティブが，僻地病院とマッチする医学生数にどのような影響を与えるかを分析した．例えば，報酬インセンティブが 5,000 ドルのときは元々の 310 名から約 10 人の医学生が僻地病院に増えて，10,000 ドルでは約 17 人，50,000 ドルでは約 20 人と報告されている．このように構造推定によって反実仮想での結果を予想することができる．それは制度の結果予測に役立つ．

6.4 シミュレーション（数値計算実験）

6.4.1 シミュレーションの役割

シミュレーションは，理論モデルのさまざまな条件やパラメータを変更して数値計算し，結果を比較・検討することである．Roth (2002) は，マーケットデザインにおいて経済実験とシミュレーションは補完的な役割を果たすと述べた．それは設計の対象とする問題を理論的にモデル化して基本的な理論結果を得たとしても，以下のような困難に出会うためである．

1. 定性的困難：理論的に定性的なことについて証明できない．
2. 定量的困難：理論的には定性的なことしかいえず，定量的に明確でない．

このようなときに，理論モデルをコンピュータ上で再現して観察するシミュレーション（数値計算実験）が役に立つ．

定性的困難の例として，第 4 章で扱った多対一マッチング問題において，新しいメカニズムを考案したが，安定性という望ましい性質を満たすかわからない場面に出会ったとしよう．このようなときに，労働者や企業の数や定員を特定の値に設定して，ランダムに選好を作り出すことによりコンピュータ上で理論モデルを再現する．そして，このような仮想的な選好を大量に作り出して，考案したメカニズムが安定性を満たすかを判定する．このような作業により，定性的困難をある程度克服できる．

定量的困難の例を取り上げよう．多対一のマッチングモデルにおいて先着順メカニズムは安定的でないことは比較的容易に証明できる．用語の簡略化のため，「安定的でない」ことを「不安定」と呼ぶ．メカニズムが不安定であることは，ある選好の組に対して不安定なマッチングが生じることでしかない．一方で，理論的にどの程度の頻度で先着順メカニズムが不安定なマッチングを生じさせるかを明らかにすることは非常に難しい．よって，理論では先着順メカニズムの下で不安定なマッチングが生じる頻度はわからないという定量的困難に直面する．しかし，定性的困難の例のように，シミュレーションで仮想的な選好を生成して，選好の組ごとに先着順メカニズムが生成するマッチングの（不）安定性をチェックすることで，その頻度を計算できる．このようにして定量的困難に対しても，完璧ではないにしても，ある程度克服することが可能となる．

6.4.2 シミュレーションの例

マーケットデザインにおいてシミュレーションの有効性が示された例として，Roth and Peranson (1999) による米国研修医マッチング制度の再設計がある．Roth (2002) に従って，この再設計にシミュレーションが果たした役割を紹介する．

6.3.2 項でも取り上げた米国研修医マッチング制度は 1900 年ごろに整備された．日本の大学生の就活市場のように，当初は医学生と病院が自由に相手と面接して契約を交わす分権的市場であった．学生はより望ましい病院にマッチしようと競争し，一方で病院も優秀な学生を確保しようと競争した．その結果，医学生は卒業する 2 年前に内定を得るという青田買いが生じた．そこで，1950 年ごろに集権的制度である病院提案型 DA メカニズムが導入された．参加は任意であったが 95% ほどの学生が参加し，青田買いが解消された[11]．1970 年代になり，カップルの医学生の参加が増えたことにより，メカニズム運営に危機が訪れた．カップルは同じ地域の病院へ同時にマッチすることを希望するが[12]，既存のメカニズムはこの希望に対応できなかったため，彼らがメカニズムに参加す

---

[11] もともと導入されていたメカニズムは形式的には病院提案型 DA メカニズムではなかったが，Roth (1984) はこのメカニズムが病院提案型 DA メカニズムと同じ結果を導くことを発見した．ちなみに，DA アルゴリズムが Gale and Shapley (1962) によって提案されたのは 1962 年であるが，それ以前に米国の研修医マッチングで同じメカニズムが使われていたことになる．

[12] このような選好を補完的という．選好が補完的な場合には，DA メカニズムが不安定になることが知られている．

ることを控えるようになったからである．カップルの選好を扱えるようにメカニズムのアルゴリズムが修正されたものの満足できるものではなかった．1990年代になり市場関係者のなかでマッチング制度の信頼性に関わる深刻な危機が訪れ，市場制度が学生の利益に沿っているか，学生はメカニズムを介さずに自分で病院を探すべきかなどの議論が巻き起こった．このようななかでRothはメカニズムを再設計することとなった．その際に，Roth and Peranson (1999)は再設計に関してシミュレーションを実施した．

1つ目のシミュレーションは，補完性のある選好と安定マッチングの存在に関わるものである．カップルの選好には2人が同じ地域で働きたいという補完性が選好間に生じる．この場合，通常のDAメカニズムではこの選好を扱えず，カップルが異なる地域の病院にマッチすることが起こりえる．この結果，理論的に安定的なマッチングが存在しないこともある．Roth and Peranson (1999)は理論をガイドとしてDAメカニズムに改良を加えたが，いくつかの細部で決められない点が存在した．そこで，1987年と1993年から1996年に提出された実際の選好のデータを使ってシミュレーションを実施し，改良されたDAメカニズムでは不安定なマッチングは稀にしか生じないことが確認された．

2つ目のシミュレーションは，病院提案型DAメカニズムを採用するか，学生提案型DAメカニズムを採用するかに関わるものである．Rothは過去のデータを用いたシミュレーションの結果，メカニズムの選択によって影響を受ける研修医は1,000人に対して1人の割合でしかないことを観察した．また，過去のデータを使ったシミュレーションで安定マッチングの数は極めて少なく，学生も病院も虚偽報告する余地は限られることを観察した[13]．これらのシミュレーション結果を基にして，Rothはメカニズムの根幹を病院提案側DAメカニズムから学生提案側DAメカニズムに変更し，その上でメカニズムの細部の再設計を行った．

---

[13] 安定マッチングが1つしかないような選好の場合には，学生も病院も虚偽報告するインセンティブはないことが理論的にわかる．米国研修医マッチングのような大きな市場では，安定マッチング数が少ないということは虚偽報告のインセンティブが少ないのではないかという直観が得られる．シミュレーションはこの直観を確かめたものといえる．

第7章 マーケットデザインの活かし方

　ここまでマーケットデザインの思想とそれを実践するための基礎知識を学んだ．次のステップは，読者自身がマーケットデザインの知識を活用することである．マーケットデザインは，実際，現実の身近な場面から社会全体に影響を及ぼす場面までに活用可能である．また新しい技術との親和性も高く，異なるベクトルで補完し合うことで問題を解決できる．

　マーケットデザインは包括的な制度の改革を行うので，現状を劇的に改善する可能性を秘めている．しかし，市場や状況に問題が発生しているのか，それが制度に起因したものなのか，を認識することは容易ではないかもしれない．既存の制度に違和感や疑問を感じていても，その本質に気づかずに，新しい技術だけで解決できると思い込んでいるかもしれない．また制度設計を始めようとしてもさまざまな障壁に行く手を阻まれるかもしれない．制度設計を成就させるためには実践上の手引きが必要となるだろう．

　本章は，マーケットデザインの実践のために役立つヒントをいくつか提供する．加えて，ケーススタディとして著者らが近年関わった筑波大学での実践例を紹介する．これらを通じて読者自身のマーケットデザインの活用につながれば幸いである．

7.1　マーケットデザインにできること

　マーケットデザインの知識は，制度に問題がある場合に力を発揮する．翻って，問題がある制度が運用されているならば，そこには必ずマーケットデザインによって既存の制度を改善する余地があるといって過言ではない．また，新しい技術や概念によりこれまでにない市場を創出するときには，制度も刷新する必要がある．マーケットデザインを適用できる範囲は一般的に市場と認識されているような場面に留まらない．

　ここまでマーケットデザインの応用理論として，第4章でマッチング理論と

オークション理論を学んだ．その書き出しでも指摘したように，マーケットデザインはマッチング理論とオークション理論でしかない，と勘違いしている読者もいるかもしれない．勘違いのままではマーケットデザインの応用範囲を狭めてしまう．第2章で紹介したようにマーケットデザインは思想であり，問題のある制度や新しい市場の制度に対して，その思想に従ってアプローチすることはすべてマーケットデザインである．

とはいえ，マーケットデザインを適用できる具体的な市場（ともすれば一般に市場とは認識されていない場面）を見つけ出すことは容易ではないかもしれない．よって以下ではマーケットデザインが活かせると著者らが考える市場や場面を紹介してみたい．これらには，既にさまざまな新しいアプローチが試みられている市場（場面）や，一見するとマーケットデザインとは関係なさそうな市場（場面）も含まれる．あくまで著者らが第三者の視点から考える状況とその問題点であり，実際の現場に従事する人には見当違いだという意見もあるかもしれない．そのときは，問題の本質や正しい状況の捉え方をともに考えることで協力の可能性が見出せるだろう．

7.1.1 被災地（初期の物資配分，中期の仮設住宅配分，後期の復興）

天災は避けられない．それゆえ，災害発生後の人災を可能な限り抑えることが肝要である．実は，マーケットデザインは，災害発生後のさまざまな場面で有効である．

災害発生後の初期時点においては，何よりも物資を被災者へ効率的に配分することが重要である．そのために必要なことは，各避難所や各自治体などにある個々の情報を一括して管理することである．つまり制度を分権的なものから中央集権化することにある．衛星電話などの技術と融合した制度設計を行うことで，どこにどれだけのものが必要であるかが把握でき，それを基にどのように配分するかを決定できる．現状も同様だといわれるかもしれないが，「どこにどれだけのものが必要か」の認識方法，「どのように配分するか」といった分配ルールは効率性や公平性の観点からも最適であろうか．

中期においては，被災者への仮設住宅等の配分が必要となる．これは，被災者と住宅のマッチングの問題である．ここでも上記と同様に，中央集権的な情報の集約と配分の決定が重要である．被災者はそれぞれに異なる家族構成があり，住宅に対する選好は異なる．そのため既存のマッチング理論をそのまま応

用することはできないが，マッチング理論を発展させることで解決への道が開けるかもしれない．マーケットデザインの思想に則って制度設計することで，限りある住宅を被災者の選好にそって可能な限り効率的に，公平に配分することが実現できるだろう．

後期においては，復興が始まる．復興においては多種多様な企業や人が関わることになる．非日常な状況であるからこそ，全体的な制度設計は非常に重要となる．例えば，東京電力と実際の作業者との間にはあまりにも多くの下請け企業が存在し中抜きが発生している．この問題も，信頼できるマッチングシステムによって軽減できるのではないだろうか．

7.1.2　マッチングアプリ

交際相手や結婚相手をアプリを介してインターネット上で探すことはいまや当たり前となっている．マッチングアプリという名前から「マッチング理論」と関係があるように思われるかもしれないが，著者らの知る限りでは，マッチング理論の結果をプログラムに組み入れているわけではないようである．利益を追求するアプリは，多くがサブスクリプション（月額払い）である．そのため，参加者にはできるだけ長く契約してもらいたい．もし純粋に男女の継続するマッチを増やしたいならば，安定性は考慮に入れるべきだろう．

そして，この分野はAI（人工知能）との親和性が高い．第4章でもみたようにマッチング理論を応用するならば，参加者に選好を提出してもらう必要がある．しかし，参加者にとって，アプリ上にいるすべての相手を知ることは人間の能力をはるかに超える．これに対して，AIが代わりにすべての相手を識別することは可能である．ここで注意しておきたいのは，AIのみを使う場合，これまでのデータに依存して，例えばマッチしている人たちの特徴を把握して似たような相手を紹介することになるだろう．これは一見うまくいきそうな気がするが，著者らは不十分であると考える．なぜなら，ただ単にマッチさせるだけでは短期的にも長期的にも非効率となるからである．短期的には，1人が同時に複数とやり取りすることで非効率が生じる．長期的には，新しいより好みの相手を見つけた場合に最初のマッチが解消されてしまう．望ましい結果がただマッチさせることだけではなく，交際や結婚まで見据えているならば，制度（選好の提出方法とマッチング方法）から見直す必要がある．

7.1.3 会計・経理

会計や経理の不正はよく耳にするところである．また類似の大きな枠組みとしては税制がある．多くの場合，個人に「不正をしないようにしましょう」といった良心や規律心に訴えかけることが多い．しかしそれはそもそもの制度に「不正が可能となる仕組み」が存在するからである．一般に，不正に対しては罰を与えることで抑止しようとする．これはもっともなインセンティブ構造である．しかし，すべての対象を監査することはできないので，不正に対する罰は確率的となってしまう．望ましい結果は誰も不正を行わないことであり，そのためには会計や経理のルールそのものだけではなく，その周辺に関わるものも含めた，もう少し広い意味での制度として考えてみるのはどうだろうか．少なくとも既存のルールが人の良心や規律心にある程度依存しているなら，一度考え直してみる価値はある．もしかすると，マーケットデザインによる広い意味での制度設計が現状の改善につながるかもしれない．

7.1.4 待ち行列管理

レストランや病院など待ち行列を経験したことは多いと思う．多くの場合，それぞれの店で慣習的先着順によって待機の列を管理することになる．しかし同時に複数の列に並び，かつそれがドタキャンなどでお店や他の人に迷惑をかけないようにできれば，効率的な配分が可能となる．このように慣習的な行列の概念にとらわれず，「望ましい結果」をレストランなどの間で共有し，どのように達成するかに向けて協力できるとき，マーケットデザインによる改善の可能性が生まれる．近年，Leshno (2022) は動学的な待ち行列管理について画期的な結果を発見している．

7.1.5 医療

医療サービスは，さまざまな制度が組み合わさって機能している．しかし慣習的に当たり前と認識されている制度は本当に最適なものであろうか．診察時間の割り当ては，慣習的先着順ルールと予約システムが併合して用いられることが多い．中国では予約システムで先着順を使ったがために，予約の転売が起きたことが報告されている (Hakimov et. al. (2021))．また，入院する患者の病室の割り当て，手術の場所と時間の割り当てなどにもマーケットデザインの

知見を活かすことができるかもしれない．割り当て問題はマーケットデザインの主たる研究分野であり多くの研究結果が蓄積されている．

医療技術の発展は医療サービスの根幹であるが，それをどのようにして必要とする多くの人に提供できるかは制度設計にかかっている．1つの例として，コロナワクチンの各自治体への配分を考えてみよう．実際に行われた配分方法は行き当たりばったりといわれても仕方のないような配分であったことは記憶に新しい．その結果，場所によってワクチンが足りない状況と余っている（そして廃棄される）状況が発生した．7.4節で紹介するメカニズムはどれくらいの需要者がいるか事前にはわからない場合でも配分をうまく調整することができるメカニズムである．そのため，上述したワクチンの配分にも応用できたはずだ．もしこのメカニズムが導入されていたら，異なる結果になっていたかもしれない．このように，制度設計の観点から医療サービスを見直すことができれば，現状を大きく改善できるだろう．

7.1.6 転売

転売がよいことか悪いことかは意見の分かれるところである．しかし，転売の発生は，その市場の構造や制度による．第1章や第2章でも例示したようなチケット販売を考えてみよう．もしチケット転売が販売者や制度設計者にとって意図せざるまたは許容せざる行為であった場合，それは制度を再考する機会が訪れたと考えるべきである．慣習的な制度にとらわれていると，小手先の対応しか思いつかないかもしれない．また新技術を導入しようとしても，導入の仕方が不十分となるかもしれない．このような場合も，望ましい結果をしっかりと明確にし，問題の発生メカニズムを明らかにすることから市場を設計し直すことで，転売を防ぐことができるようになるかもしれない．

7.1.7 配車

配車に関してもマーケットデザインで改善できる点はある．タクシーやライドシェアなどの人を輸送する状況では，潜在的な乗車希望者は異時点でランダムな場所に発生する．またタクシーも乗車の有無にかかわらず移動しているので異時点で異なる場所に存在する．このようなとき，タクシーと乗車希望者をどのようにマッチさせればよいか，という問題はマーケットデザインの問題である（高原・栗野 (2021)）．ここでは「どのように」マッチさせるか，という点

が肝となる．静学的には，近くにいるタクシーと乗車希望者をマッチさせればよいかもしれない．しかし動学的にみると，乗車希望者の目的地も重要となる．それは，タクシーが乗車希望者をどこに運ぶかが，運んだ後の空きタクシーの場所になるからである．このような観点も含めて「望ましい配車」を設定し，それを達成する方法を考察することで，現状を改善できる可能性がある．

2024年4月から一般ドライバーが自家用車を用いて有償で乗客を送迎するライドシェアが導入された．2024年4月時点での制度は，日本版ライドシェアと呼ばれ，タクシー会社が一般ドライバーの運営管理をし，ライドシェアの時間帯と地域を制限している．配車アプリを運用するプラットフォーマーは，非公開のマッチングメカニズムを扱っているため一部のドライバーや乗客を優遇することが可能となる．喜多・栗野 (2024) が提案するように，競争政策の観点から政府がメカニズムを監査する必要がある．また，時間帯や地域を制限しているので，日本版ライドシェアは短時間の需要変化に対応できない．このような物理的制限をなくしつつも，制限の目的に合致し，かつ短時間の需要変化にも対応できる配車メカニズムは設計可能である．

また，人ではなくモノを運ぶトラックの，貨客混載のモビリティの配車も似た問題として扱うことができる．

7.1.8 新卒社員の配属問題

日本の多くの企業が新卒一括採用を行なっている．そのため，新年度に行われる新卒社員の部署配属は，企業内での大きなマッチング案件となる．この部署配属は，新卒社員の希望を収集するものの，一般に人事によって企業にとって利益につながるように決定される．一方で，近年では配属ガチャと呼ばれるように，新卒社員が希望の部署に配属されずに，離職につながることが問題となっている．多くの企業において新卒社員の3年以内の離職率は非常に大きい．この理由はさまざまあるが，その中でマーケットデザインによって解決できる部分も存在する．それは，新卒社員と部署とのマッチングの方法を再考することである．もし企業が利益に加えて離職率を下げることも「望ましい」と考えるのであれば，マッチング理論が応用できる．

企業が利益だけを追求した配属を行うとしても，そもそも人事による部署配属は最適なのであろうか．マッチング理論とAIを併用することで，既存の部署配属制度が最適かどうかを調べることはできる．例えば，ある程度の期間にお

いて利益をあげられている部署とそうでない部署の構成人員のデータから，部署にとって利益をあげられる人員構成を見出すことはできるだろう．そしてそれを基にしてどの新卒社員をどの部署に追加することが部署の利益につながるかがわかる．その上で，マッチング理論の結果を用いて新卒社員の希望も十分に考慮した配属を求めることができる．ここで注意することは，第4章にあるような基礎モデルではなく，もう少し複雑なモデルを採用しなければならない点である．実際の新卒配属では企業全体の方針や部署間の関係も反映されるので，各部署の選好を新卒社員を単純に並べることで表現できないからである．

7.1.9 待機児童問題（保育所への入園待機問題）

待機児童問題は昨今頻繁に議論されている．この問題にはさまざまな角度からアプローチが必要であるが，保育所と児童のマッチングに関してはマーケットデザインが大きく貢献できる．

待機児童問題における保育所と児童のマッチングは，一般に需要サイド（児童側）の問題として議論されることが多い．そのため，まず需要サイドにどのようにマーケットデザインが活かせるかを考える．保育所を管轄する地方自治体は親の経済状況に合わせて児童をランキングしている．そしてそのランキングと児童の入所希望を用いてマッチングを定めている．自治体によっては希望の提出先が個別の保育所である場合があり，これまでも触れてきたように，このような分権的制度では非効率が発生してしまう．一方で自治体が希望を収集してマッチングを決めている場合であっても，職員が（一応はルールがあるのだろうが）科学的根拠なしにマッチングを定めているため改善の余地は多分にあるだろう．まずは「望ましい結果」を定めることが重要である．そうすれば自ずと既存制度で十分かどうかが明らかになる．

また保育所と児童のマッチングには供給サイドの問題もある．1人の保育士が面倒をみられる児童の数は年齢によって異なることが法的に定められている．そのため，保育所が雇っている保育士の数は非常に重要となる．実際，物理的にはまだ児童を収容可能であるにもかかわらず，保育士の数が足りないため入園させられない保育所も存在する．これは保育士の資格保持者が少ないからであろうか．実は，保育士の資格保持者は十分に存在する．問題は，保育所が保育士を確保できないことにある．保育所は個別に保育士を探すしかなく，それには限界がある．著者らがヒアリングしてわかったことは，自治体からは雇

のための十分な補助金が保育所に渡されているが，保育所は保育士確保のために人材仲介業者に莫大な仲介手数料を払っているということである．結果として，保育士の給与は資格保持者が働きたいと思う価格に至っていないと推察できる．この保育所と保育士の雇用マッチングは，マーケットデザインの思想に則って，中央集権的なマッチング市場を公的機関が創出できれば解決できるに違いない．

7.1.10 新しい技術との親和性

ここまでマーケットデザインの応用可能な場面をいくつか紹介したが，それらでは現在 AI をベースとした新技術の活用が増えている場面でもある．ここで強調しておきたいことは，マーケットデザインは AI と融合可能だということである．むしろ，AI と融合することで単体ではなしえないような改善が可能となるといっても過言ではない．

そもそも，現実社会における制度の不具合は，複数の要因によって引き起こされていることが多い．そして，そのそれぞれの要因には適当なアプローチ方法がある．そのため，マーケットデザインと AI などの新技術は異なるベクトルで問題にアプローチできる．AI は多くの場面で人の代替，またはそれ以上の働きをみせている．データを活用することで AI はさまざまな工程を効率化できる．一方で，それは制度の不具合の 1 要因に対する解決にしかならないかもしれない．制度にはそれぞれ異なる選好をもつ人が参加し意思決定をしている．この選好は誰にも観測できず，観測可能なものは（選好に基づいて意思決定した後の）結果でしかない．データから学習する AI は結果を模倣できても，その根幹にある選好までは推察できない．制度の目的は，望ましい結果を達成することである．そして望ましい結果は人の選好に依存する．マーケットデザインは，インセンティブ制御を通じて選好に直接働きかけることで望ましい結果を達成しようとする．

勘違いしている人が多いかもしれないが，AI がすべてを解決するわけではない．1 つ例を挙げよう．待機児童に関わる保育所のマッチング問題において，AI の活用を始めた自治体がいくつかある．多くの人は，AI がどのように利用されているか，その内情を知らない．保育所のマッチングは，職員が手動で誰をどこにマッチさせるかを，兄弟の有無などの基準を基に行っていた．これに対して，AI の導入は，手動の部分を自動化したにすぎない．ここで 1 つ簡単

な疑問が残る．それは，手動で行っていたマッチングそのものが「望ましい結果」であったのかどうかである．AIにはこれを判断する能力はない．望ましいかどうかわからないが，これまで人がやっていたことと同等のマッチングを短時間で求められるようにしただけである．そもそもの問題は，待機児童の発生が制度とどのように関係しているかである．そして，上述したように，AIはこの問題の解決策とはなっていない．なぜなら制度そのものを精査していないからだ．マーケットデザインはこの制度の設計を助けてくれる．もし，マーケットデザインとAIを融合することができたならば，マーケットデザインによって望ましい制度を設計し，それをAIによって自動化することになる．

このように「AI」という言葉が「何でもできる」ものとして一人歩きし，中身も精査せずに，ただAIを使ったことに満足してしまってはいないだろうか？真摯に問題解決を考えるならば，さまざまな角度から問題にアプローチする必要がある．AIは手段であって，それそのものが問題の直接的解決とはならないことの方が多い．問題の直接的解決に向けて，AIも含めて，正面から取り組むのがマーケットデザインなのである．またAI以外にもさまざまな分野で新しい技術は生まれているが，それらを制度に取り込む際，結局は「人」をどう扱うかという点が重要となり，そこにマーケットデザインが新しい技術と共生する道がある．

7.2 社会実装のためのヒント

マーケットデザインを活用しようと思ったとき，学問的知識と現実との間にあるギャップに気づくことが多い．学術的な結果は，理論的な汎用性がある一方で，そのまま現場で使用できるわけではない．個別の市場には特有の設定や問題がある．そのため学術的な結果でおおよその方針を定めてから，個別に設計することが重要となる．つまり，学問的知識が与える「直観」を道標に，個別の問題を解決するための「カスタムメイド」の方策が必要となる．カスタムメイドの制度設計には，さまざまな背景をもつ協力者が大事である．研究者たちだけ，現場の計画者だけ，現場の実施者だけ，では到底なしえない．すべてが「協力しあって」初めてカスタムメイドの制度設計が成し遂げられる．以下ではカスタムメイドの制度設計をキーワードに，社会実装のためのヒントを提示したい．

本節はその性質上，他の章や節と異なる．多くは著者らの経験や意見などに基づいており，社会実装に際して重要な点や注意する点を五月雨式に列挙している．これらはいまだ途上にあり，不完全で不十分なことを了承されたい．

7.2.1 制度設計に関わる姿勢

最初に，学問的知識をもつ集団を学術側，実際に社会実装を行う集団を社会側に分けて，学術側と社会側それぞれに望む姿勢を提案したい．

(1) 学術側に求める姿勢

マーケットデザインの実践は，社会側から学術側へのアプローチで始まることが多い．学術側は制度設計にさまざまな段階で関わることがあるが，著者らはこの最初期が最も重要だと考える．

この初期段階における社会側の相談や要請は，学術と現実社会の間の認識のギャップからか研究者にはとても曖昧なものにみえる．しかしこの最初の段階こそが，制度の問題を判別し，必要であれば制度設計を行う社会実装における嚆矢となる．そのため，社会側の真の問題を見極めることが肝要である．

学術側は実際の制度の運用や問題点については知らないことが多い．ともすると，研究者は社会側からの相談や要請の詳細を十分に吟味することなく大雑把に捉え，しばしば既存の経済モデルの枠組みに落とし込んで助言をしがちである．その原因は学術側が慣れ親しんでいる情報を社会側が提示できないがためとしていないだろうか．また社会側の相談内容を勝手に解釈していないだろうか．さらには学術的に望ましいとされる概念などを押し付けてはいないだろうか．学術側は専門家であるからこそ，専門外の社会側の相談や要請を汲む立場にある．ゆえに学術側は，よくよく相談内容に耳を傾け社会側と情報や状況の「共有」をすることが肝要である．これは簡単なことではないが，学術側には根気よく対応することを推奨したい．ともすれば「未解決の問題」が見つかるかもしれない．

(2) 社会側に求める姿勢

昨今，さまざまな経済理論が従前にもまして社会で応用され浸透している．経済理論の有用性は疑いようがない．経済理論はこれまでも紹介したように複雑な現実のいくらかの要素を捨象した上に成り立っているので，現実に応用す

る際にはそのまま扱えるものではない．しかしそれは，経済理論が現実に使えないということを意味するわけではない．経済理論を現実社会に「翻訳」する必要があるということである．ともすると，社会側が思う問題は経済学の問題ではないのではないか，と思われることがあるかもしれない．しかし社会側の求める望ましい結果と学術側の考える望ましい結果には実は大きな差異はない．著者らは，民間企業や公的団体の方々とこれまで多くの話し合いの機会をもってきたが，社会側の求める望ましい結果は，大枠として，経済学の既存の概念と一致していた．

社会側では，自分たちだけで学術側への相談なしに経済理論の応用ができると思われていることもあるだろう．しかし生兵法はケガの元である．著者らが，六法全書だけをもって弁護士なしに裁判に臨めないように，設計図と材料から見よう見まねにリチウムイオン電池を作れないように，医学書片手に診断できないように，経済理論も素人が扱うのは難しい．経済学の言葉は身近な表現が多いため，あたかも理解した気になりやすい．知識背景が不明な YouTuber などの（あやしい）解説でわかった気になって，学術側への相談なしに制度設計を始めてはとりかえしのつかないことになるかもしれない．端的にいえば，社会側にはいかなる段階においても学術側に相談することをお勧めしたい．

ここで注意してほしいことは，ただ学術側に任せればよいというわけではないことである．経済理論の応用には学術側の専門的な知識が必要である一方，彼らが何をやっているかについて詳細はわからずとも大まかな流れは把握できないといけない．そうせずに，他人事にしてしまうと社会側と学術側の認識のギャップから生まれる齟齬が制度にも反映されてしまうことになる．マーケットデザインを応用して制度設計を行うならば，少なくとも本書や本シリーズの各書を読了されたい．ここに社会側にもマーケットデザインの知識を身につける意義がある．

最後に，学術側にいかに当事者意識をもたせるかについて触れておきたい．学術側に求める姿勢でも指摘したように，相談される研究者たちは部外者として参画し責任感が薄い可能性がある．また研究者たちは相談に対してアイデアや解決策があっても，その後につながらないことを危惧してそれらを出し惜しみするかもしれない．その点に社会側は十分気をつけなければならない．学術側に責任をもつ気概が必要だと先に述べたが，経済学的に考えると，インセンティブがない研究者に当事者意識をもたせることは難しい．特に，先にも述べ

たように相談をもちかけるという最初期が最も重要な段階であるが，一般にこのような段階では報酬が発生しないことが多い．しかし，よりよい制度設計を行うためには初期段階から研究者に報酬を支払うことが，責任感をもって真剣に設計に向き合わせることになり，合理的である．

7.2.2 問題の所在

既存の制度には「問題」があるのだろうか．制度に問題があったとしても，その問題を見つけ出せるか，が最も重要で最も困難な出発点である．制度の参加者は，問題とはいかなくても，違和感や疑念を制度に対してもっているかもしれない．これは後述するように，問題の特定化のために，そもそも現状の制度を再考する嚆矢となる．また参加者は既存の制度に「慣れて」しまっていて何の疑問も抱かないかもしれない一方で，第三者の視点からみるとその制度は何かがおかしいと指摘があるかもしれない．これもまた制度の再考に十分な理由になる．実際には問題があるにもかかわらずその問題に盲目的となってしまうのは，既存の制度の設計者が既存の制度を「論理的な理由」や「科学的な根拠」なしに最適であると信じている場合である．行動経済学の言葉では，確証バイアスとも呼ばれる．読者には，客観的な目で偏見なく制度を見直してもらいたい．

既存の制度の再考を始めるにあたって，問題をクリアにすることが重要である．マーケットデザインの実践は，制度の再設計の必要性を認識することから始まるからである．ここでいう「問題をクリアにする」とは，感覚的な疑義や違和感を科学的に明確に定義することである．そのためには，数理モデルとして制度を表現し，参加者の行動とそれに伴う結果を，相互依存関係まで含めて表現することである．数理モデルに落とし込むという作業は，感覚的なものや固定観念を排除し状況をシンプルにするので，問題の本質を明らかにするのに役立つことはこれまでの章で学習済みである．

7.2.3 意識の共有

既存の制度に「問題」を見出し，「望ましい結果」に目処がついたら，次はその問題を制度に関わる人々（ステークホルダー）と共有することである．特に，制度の変更を可能とする人々と問題を共有することは，制度の改革を行う上で非常に大切である．また制度に関わる人々は，さまざまな目的や権益をもっていることがある．そして彼らは制度の変更に強い影響力をもつ．そのため，彼

らを「説得」することなしには制度の改善は具現化しない．読者に提言方法を語るのは，釈迦に説法かもしれない．実際，著者らは多くの提言を行い，ほぼすべて失敗してきた．だからこそ，ここで説得の重要性を述べておきたい．

「説得」に際し，制度に関わる人々はさまざまな目的をもつことに加え，さまざまな背景をもつ．そして，数理的に表現した制度を理解できるとは限らない．そのような人々は，自らの知識の範囲内でありえないほど多くの（数理モデルでは表現しきれない）仮定や設定をおいていることが多い．そのことが，折角数理的に取り出した問題に靄をかける．そして問題の本質から離れたところに彼らの結論がいきついてしまうかもしれない．

そのような場合に有効な説得方法は，制度の問題と改善余地を「直観的」に提供することである．数理モデルや「科学的」説明ではなく（無論，説得者は数理モデルで十分な理解をしておく必要があるが），いかにシンプルに，そして直観的に，制度の問題とその改善法を提供できるかである．現状に沿ったカスタムメイドの具体的な改善方法はこの時点では提供できなくてもよい．例えば，「AI」はその中身は細分化されており全くもって簡単ではないが，「直観的」概念としてはシンプルかつ魅力的に映るらしい．多くの人は個々の技術でどこまでのことが可能かを知らず，むしろ概念だけから想像力をかきたてて，現状，達成できそうもないことを夢見てくれる．ここには，問題とその解決法としてのAIという構造があるが，全くもって論理的だとは思えない状況であっても受け入れられている．

よって，制度の再設計を実現できるか否かは，説得者がペテン師とまではいわないがステークホルダーに制度の改善法をどれだけ魅力的に示し，そしてその結果に将来性を見出してもらえるようにするか，にある．もし読者が制度設計の責任者や要請できる立場にないならば，アウトサイダーとして上記のような説得がクリティカルとなる．Sönmez (2023) はそのような立場からのマーケットデザインについて詳しい．

7.2.4　セカンドオピニオン

新しい制度を設計する際には，さまざまな背景をもつ人々が集まって知恵を絞ることになる．それぞれは何かしらの専門知識や技術をもっているはずで，その専門知識や技術を用いて制度設計に関わる．専門知識が最先端であるほど他との差別化が図れるかもしれないが，一方で最先端であるからこそいまだ統一

的見解が存在しない場合もある．しかし，専門外の設計者やステークホルダーにはその内容を精査するのが難しい．そのため，設計しようとする制度に思わぬ落とし穴や，目的とする望ましい結果には必ずしもそぐわない，またはより改善できる方法があるという状況に陥るかもしれない．これらを未然に防ぐためにも，設計時点で制度の内容を点検するべきである．

このような点検は当たり前のように思えるが，この過程がなおざりにされている状況を著者らは何度か観察している．また点検はしていても，それがおざなりであることもある．この理由としては，自分たちが設計したものが最適であるという過信や，内容ではなく設計者の肩書を信頼してしまうということもあるだろう．しかし最も多い理由は「誰に点検を頼めばよいかわからない」という単純なものである．現在，たいていの大学には，産学官連携の部署が設置されているので，該当部署に連絡してみるのもよいだろう．または，専門領域の同じ研究者を見つけ出し直接連絡してみてもよいかもしれない．経済学に関していえば，昨今は社会実践にも興味のある研究者が多いので，ためらうことなく多くの研究者にメールなり連絡していただければ幸いである．

7.2.5 新しい制度の評価

新しい制度をうまく設計しそれを実際に導入できたならば，必ず評価をしなければならない．評価というと，新しい制度の導入前と後で収集されたデータを用いて比較検討することが想定される．しかし，このような定量的な分析だけでは十分とはいえないかもしれない．7.2.2 項の問題の所在でも言及したように，新しい制度の設計者は，既存の制度を再考した場合と同じスタンスで新しい制度についても対峙しなければならない．新しい制度なのだから，理論的に設計された制度なのだから，シミュレーションや実験で十分に機能したのだから，といった，今度は新しい制度に対する偏った認識をしてはならない．現実は変化するものなので，それとともに制度も常に変化するものだということを頭に置いておいておく必要がある．

7.3 制度設計に対する内閣府の取り組み

内閣府は 2014 年より，戦略的イノベーション創造プログラム（Cross-ministerial Strategic Innovation Promotion Program；以下，SIP と略す）

7.3 制度設計に対する内閣府の取り組み

表 7.1 技術成熟度レベル (TRL) とビジネス成熟度レベル (BRL) の定義

	TRL		BRL
1	科学的な基本原理・現象の発見	1	初期コンセプト
2	原理・現象の定式化応用的な研究	2	課題解決手法
3	技術コンセプトの確認（POC）	3	チーム・計画の形成
4	研究室レベルでのテスト	4	顧客の定義
5	想定使用環境でのテスト	5	仮説検証
6	実証・デモンストレーション（システム）	6	実用最小限の製品
7	トップユーザーテスト（システム）	7	フィードバックループ
8	パイロットライン	8	スケール
9	大量生産	9	市場への浸透

出典：内閣府第 58 回総合科学技術・イノベーション会議資料「戦略的イノベーション創造プログラム (SIP) の見直し～次期 SIP に向けた課題候補の決定と制度・運用面の見直し～」(https://www8.cao.go.jp/cstp/siryo/haihui058/siryo5.pdf, 閲覧日 2022 年 11 月 30 日）

として，1 期間 5 年の複数の研究開発プロジェクトを実施している．これは Society5.0 の実現に向けて 10 程度の課題が設定され，基礎研究から社会実装まで一気通貫で実施する，大規模な研究開発プログラムである．

このような大規模な研究開発プログラムでは，さまざまな分野から多くの研究者や実務家が参加し，それぞれの活動を認識して，調整することが不可欠である．その 1 つの試みとして，NASA が 1970 年代に導入して，いまでは産業界でも浸透している技術成熟度レベル (Technology readiness level; TRL) がある．これは研究開発の過程で，技術がどの程度の水準かを表す指標である（表 7.1）．また，近年では産業界で事業の進展段階を示す指標であるビジネス成熟度レベル (Business readiness level; BRL) (Ramsden and Chowdhury, 2019) も浸透しつつある．

社会実装が成功するためには，技術やビジネスの面だけでなく，他にも考慮すべき点がある．内閣府で 2022 年度に「社会実装に向けた指標に係る分科会」が設置され，著者の 1 人の栗野が座長としてそのような視点をとりまとめた．新たに作られてまとめられたのは，制度成熟度レベル (Governance readiness level; GRL)，社会受容性成熟度レベル (Social readiness level; SRL)，人材成熟度レベル (Human resources readiness level; HRL) の 3 つである．特に，マーケットデザインの思想を反映した GRL について紹介する．

制度成熟度レベル (GRL)[1]

レベル1 （基礎検討）創出財が類型化（公共性の有無が検討）され，創出財の影響が及ぶ範囲を特定した状態．

レベル2 （制度に求める性質のコンセプト化）ガバナンスに関する検討チームが形成され，現実的な制約（安全性，国際基準，法規等に加え社会・業界通念等）を踏まえて，制度に求める性質（効率性，公平性，インセンティブ条件）が整理された状態．

レベル3 （評価）制度に求める性質を現制度が満たしているかを評価している状態．

レベル4 （制度のコンセプト化）現制度で不十分な場合，レベル2で求める性質を満たす制度（法制度の解釈変更・規制改革，規格化・標準化，ガイドライン等）を考案できた状態．

レベル5 （実証）実証実験（フィールド実験，被験者実験，シミュレーション実験等）を通して，レベル2で求める性質に適った制度が特定された状態．制度の有効性が確認されるまで，仮説と実証が繰り返されている状態．

レベル6 （導入計画）上記の実験結果を基に，省庁・自治体・民間企業等を含む関係機関が具体的な導入計画を策定できた状態．

レベル7 （展開と評価）上記ガバナンスに係る内容が実際に導入され，データに基づいて評価・改善されながら，段階的に展開されている状態．

レベル8 （安定運用）上記ガバナンスに係る内容が社会全体に周知され，運用とチェック機能が適切に機能している状態．

ここで，GRLが扱う制度は広く，安全性，国際基準，法規，取引ルールも含む．例えば，取引ルールには，財やサービスと顧客のマッチング形式，オークションなど価格付けなどがある．また，レベル3で現制度が十分な場合には，レベル4以降は省略され，レベル8を達成したものとしている．

---

[1] ここでの記述は，内閣府科学技術・イノベーション推進事務局資料「次期SIPの検討状況について（令和4年9月）」(https://www8.cao.go.jp/cstp/gaiyo/sip/220929/siryo1-2.pdf),「SIP第3期の社会実装に向けた戦略の作成及び社会実装に係る指標の活用」(https://www.youtube.com/watch?v=_Mhe3yFvY1E) に基づいている．閲覧日2024年7月27日．

2024年4月の時点で，SIP は第3期 (2023–2027) に入っているが，GRL も含めて5つの成熟度レベルは，研究開発計画書，各課題内での研究グループの進捗状況報告などに活用されている．

7.4 ケーススタディ：筑波大学の進学選択

現実への応用に際し，これまでの章でいくつかの実践例を説明してきた．以下では著者らが実際に携わった内容を理論的な部分よりも実践的な部分を主として応用例を紹介したい[2]．

2016年に筑波大学では，2020年からの入試改革に取り組むことになった．大まかな改革方針は，入試時点での学群および学類の選択を辞め，入学後にある程度学んだ後に希望に合わせて学類を選択できるようにする．これは，東京大学や北海道大学で既に取り入れられている進学選択と呼ばれる制度の導入である．ここで重要になるのは，入学後，どの学類へ学生を振り分けるかという問題である．学生の希望がいくつかの学類に集中してしまうと，定員の問題からどうしても学生の選抜が必要になるからである．

東京大学の進学選択では，近年，先着順メカニズムから先着順メカニズムと DA メカニズムの併用に変更された．筑波大学でも DA メカニズムは1つの有力な候補として挙がっていた．しかしながら，筑波大学の進学選択には他大学とは異なる要素が存在した．それは，学生の希望を最大限に汲みとるために，学群の定員は一定としながらも，その学群に配属される学類では定員の融通を可能にすることを改革の要素として含むことであった．この要素は非常に重要で，DA メカニズムをただ導入するだけでは問題が発生してしまう．その理由として，DA メカニズムが定員を固定した上でしか機能しないことが挙げられる．これでは，定員を融通できる折角の特色が全く活かされない．さらには，定員が変動することで，定員が固定された場合に得られたマッチングが，その中では望ましくても，定員の変動までを考慮すると正当な羨望が発生してしまうことが起こりえる．

著者らはこの改革に対して，上記の問題を解決する新しいマッチングアルゴリズムを提唱した．そのメカニズムは実際に2021年（2020年入学の学生が進

---

[2] 理論的な解説として栗野 (2023)，そして著者らの原論文である Kumano and Kurino (2022) を参照されたい．

学選択を行うのは 2021 年であるため）から筑波大学において使用されている．以下では，マーケットデザインの思想に則って，著者らがどのようにして新しいメカニズムを提唱するに至ったかを紹介する．

【特定】定員調整可能なマッチング問題

まず始めに，筑波大学の入試システムについて紹介する．通常の大学の学部や学科に相当するものを筑波大学では学群と学類と呼ぶ．1 つの学群は，複数の学類によって構成されている．以下の図は，2020 年時点での学群と学類の構成状況である．

それぞれの学群，学類には定員が定まっており，学類の定員の和が学群の定員と一致している．以前の入試システムでは，各学生が，1 つの学類に志願する仕組みであった．そのため，複数の学類へ志願することはできず，ある学類に落ちた場合は，筑波大学に落ちたことと同等であった．このため本来はある学類を第一志望とするにもかかわらず，落ちることを避けるためにより人気の低い学類へ志願するという学生の行動も散見された．それは，本当にその学類で学びたい学生が入学できなくなる事態も引き起こす．本来の希望と異なる学類へ進学した学生は，そこで新たに学問の楽しさを見出せればよいが，そうでない場合はやる気が続かなくなってしまうかもしれない．ひいては，学業不良や留年，中退につながってしまう．つまり学生と学類のマッチングに問題が発

表 7.2 学群と学類の構成および定員数（2020 年）

学群	学類	定員	学群	学類	定員
人文・文化学群	人文学類	120	理工学群	数学類	40
	比較文化学類	80		物理学類	60
	日本語・日本文化学類	40		化学類	50
社会・国際学群	社会学類	80		応用理工学類	120
	工学システム学類	130		社会工学類	120
	国際総合学類	80	情報学群	情報科学類	80
人間学群	教育学類	35		情報メディア創成学類	50
	心理学類	50		知識情報・図書館学類	100
	障害科学類	35	医学群	医学類	98
生命環境学群	生物学類	80		看護学類	70
	生物資源学類	120		医療科学類	37
	地球学類	50	芸術専門学群		100
体育専門学群		240			

生していた．これは筑波大学に限った話ではなく，多くの大学，そして公立高校でも起こっている問題である．

上述したように，筑波大学は改革の1つとして進学選択を行うことになった．進学選択は，学生と学類のマッチング問題である．そして，筑波大学からは以下を満たすようなマッチングメカニズムを構築したいとのことであった．これはとても興味深い提案であるとともに，既存のマッチング理論の枠を少しはみでていた．つまり，既存のマッチング問題とは異なる以下の制約が追加的に課されたのである．制約と書くと，既存の状況よりも可能性が狭くなるように感じるが，以下の制約はむしろ可能性を広げている．そのため既存のマッチング理論を拡張する必要性が出てきた．

> **制約**：学群の定員は一定としたまま，属する学類の定員をこれまでの定員をベースにある程度調整できるようにしたい．

「定員を調整する」とは，簡単にいえば，学群内の学類間でいくばくかの定員を融通し合うことである．ある学群にAとBの学類があり，それぞれの初期の定員が10名であったとしよう．もしA学類を希望する学生が初期の定員よりも多い12人であり，B学類には8人しか希望学生がいなかった場合，B学類の定員を8名に減らし，その分浮いた定員2名をA学類に追加して12名とすることを定員を調整するという．このとき，A，B学類は同じ学群に属するので，学群の定員には変化はない．

このように特有の制約があるため，筑波大学のマッチング問題は，第4章で紹介した基礎的なマッチング環境で描写できない．そのため，定員調整を可能とするマッチング環境を新たに設定する必要がある[3]．

---

[3] Kamada and Kojima (2015) もマッチング問題に同様の定員調整が入った問題を扱っている．実際，以下のマッチング環境は Kamada and Kojima (2015) と本質的に同じである．Kamada and Kojima (2015) は地域偏在を包含した研修医マッチング問題を分析し，「目標とする各病院の定員」を事前に設定した上で，目標定員にできるだけ近い安定マッチングの導出方法を発見した．このとき目標定員は外生的に与えられるのに対して，著者らは学生の希望に合わせて内生的に最適な定員が決定される定員調整マッチングを扱っている．

定員調整可能なマッチング環境

- N：学生の集合（任意の学生を $i \in N$ と書く）
- X：学類の集合（任意の学類を $x \in X$ と書く）
- K：学群の集合（任意の学群を $k \in K$ と書く）
  学類 x はただ 1 つの学群に属する．$X_k \subset X$ を学群 k に属する学類の集合とする．
- R_i：学生の学類に対する選好
- q_x：学類の定員（**変動可能**）
- $\bar{q}_x$：学類の最大定員（固定）
- q_k：学群の定員（固定）

ここでこれまでのモデルと異なる点は，学類の定員が変動する点である．学群 k に属する学類の定員は $\sum_{x \in X_k} q_x = q_k$ を満たす．これより，変動可能な学類の定員の集合は

$$Q = \left\{ q \in \mathbb{Z}_+^{|X|} \,\middle|\, \forall k \in K, \sum_{x \in X_k} q_x = q_k \right\}$$

となる．このとき，Q の中のどの定員の組み合わせ q が学生にとって望ましい学類選択を与えるかは容易にはわからない．

問題の所在　各学類の定員が調整できるようになると，外生的に与えられた初期の定員の下での安定マッチングは実は学生の厚生を改善する余地があることがわかる．それは，最初に設定された定員とは異なる定員の下で得られる安定マッチングを学生全体が弱い意味で好むことがあるからである．

具 体 例

4 人の学生 i_1, i_2, i_3, i_4 と 3 つの学類 x, y, z があるとする．学類 x と y は学群 k に属しており，z は k' に属しているとする．それぞれの学類の定員上限は x と y が 2 人，z が 1 人とし，学群の定員を k は 3 人，k' は 1

人とする．これより設定可能な定員の組み合わせは

$$Q = \{(1,2,1),(2,1,1)\}$$

となる．ここで Q の要素は定員ベクトルであり，左から x, y, z の定員 q_x, q_y, q_z を表す．各学類の学生に対する優先順序は以下とする．

$$\succ_x : i_1 \ i_4 \ i_2 \ i_3$$
$$\succ_y : i_3 \ i_2 \ i_4 \ i_1$$
$$\succ_z : i_2 \ i_3 \ i_1 \ i_4$$

大学は，4人の学生の選好を知る前に定員を設定しなければならない．そのため，大学が初期定員を $q = (2,1,1)$ に設定したとする．そのとき，学生の選好が，

$$R_{i_1} : y \ x \ \emptyset$$
$$R_{i_2} : x \ z \ y \ \emptyset$$
$$R_{i_3} : x \ y \ \emptyset$$
$$R_{i_4} : y \ x \ z \ \emptyset$$

であったとすると，q の下での学生最適安定マッチング μ は

$$\mu = \begin{pmatrix} i_1 & i_2 & i_3 & i_4 \\ x & z & y & x \end{pmatrix}$$

となる[4]．もし仮に定員を $q' = (1,2,1)$ に設定していたとすると，そのときに得られる学生最適安定マッチング μ' は

$$\mu' = \begin{pmatrix} i_1 & i_2 & i_3 & i_4 \\ x & z & y & y \end{pmatrix}$$

となり，μ よりも全学生にとって弱い意味で好ましくなる．一方で，大学が初期定員を $q' = (1,2,1)$ に設定していたとしよう．そのとき，学生の選

---

[4] 読者には，第4章で紹介した DA を用いて実際に同じマッチングが得られることを確認してもらいたい．

好が

$$R'_{i_1}: y\ x\ z\ \emptyset$$
$$R'_{i_2}: x\ y\ \emptyset$$
$$R'_{i_3}: x\ y\ z\ \emptyset$$
$$R'_{i_4}: y\ z\ \emptyset$$

であったとすると，q' の下での学生最適安定マッチングよりも q の下での学生最適安定マッチングの方が全学生にとって弱い意味で好ましくなる．

　ある定員の下で，学生の厚生を最も高める安定マッチングが達成されるとき，その定員を最適な定員と呼ぶ．具体例から示唆されることは，最適な定員は学生の希望（選好）に依存して変動することである．ここで重要なことは，学生の選好はマッチングを行う際に初めて明らかとなる．そのため，最適な定員を事前に設定することは不可能である．

　定員を調整できるとき，定員をどのように設定するかは実は非常に難しい問題である．いわゆる初期の定員は外生的に与えられた定員である．一方で，学生の希望によって調整される定員は内生的に定まる．定員を調整できる上で，初期の定員を内生的に最適な定員に調整する，すなわち学生の厚生を最も高める安定マッチングに調整する仕組みこそが，著者らが新しく考案したメカニズムである．

【目的】事後的安定性

　定員の調整が可能である場合，一般に初期の定員とは異なる定員の下で学生の厚生を高めることが可能であることがわかった．一方で，厚生以外にも進学選択マッチングに求められるものが存在する．そのため，このような新しいマッチング環境の下での「望ましいマッチング」を定めることから始めなければならない．カスタムメイドな制度設計では，制度の設計者である筑波大学が「何を望ましいと考えるか」が望ましさの指標となる．前述した通り，マーケットデザイナーは，言語的な要望をマッチング理論の枠組みで「翻訳する」必要がある．この橋渡しを間違えると，出来上がるメカニズムが全く設計者の意図せ

ざるものとなってしまう．頭の固い学者は，横着してこの作業をとばし，設計者の要望を自分の知識の範囲内で勝手に解釈してしまう．これを避けるためにもセカンドオピニオンは重要である．

筑波大学の要望

- 定員調整可能な限りで，学生を希望する学類へ進学させたい
- （既存の定員のために発生する）留年者を減らしたい
- 学生間に不公平が発生しないようにしたい

1番目と2番目の要望は，前述したように定員調整による学生の厚生の改善である．そして「可能な限り」という点から，ただ厚生改善すればよいだけでなく，これ以上厚生改善の余地がないようなマッチングを達成したいということになる．これは効率性である．3番目の要望は，厚生とは異なる安定的なマッチングを達成したいということになる．よって，この3つの要望を同時に達成するマッチングが，今回の目的となる「望ましさ」である．既存の理論からもわかるように効率性と安定性は同時には成立しない．そのため，効率性と安定性のどちらに重きを置くかを相談した結果，安定性を重視することになった．以上を鑑みて，著者らが翻訳したマッチングに求める「望ましさ」は以下の事後的安定性という概念である．

> **定義** マッチング μ が事後的安定であるとは，μ はある定員の組み合わせ $q \in Q$ の下で安定的かつ，すべての $q \in Q$ の下での安定的なマッチング ν にパレートの意味で支配されないことをいう．

事後的安定マッチングは，学生の選好が事前にわからなくても，結果として学生の効率性が最大化される定員の組み合わせの下での学生最適安定マッチングである．つまり，制度設計者がうまく定員の設定を行えたならば，達成できる限りで学生の効率性を最も高める安定マッチングに相当する．これは安定性の定義からもわかることであるが，最もよい定員を設定することは，留年者を最も減らすことと同等である．

結果に求める「望ましさ」は定まったが，そのような望ましいマッチングは

いつでも存在しないと制度が成り立たない．この存在問題に対して，著者らは事後的安定マッチングがいつでも存在することを示した．

> **定理** 定員調整可能なマッチング問題において，事後的安定マッチングは常に存在する．

これより，著者らは次のステップである実践的なメカニズムの設計に進むことになる．しかし，事後的安定性は筑波大学の要望を最も反映したものなのか，という問いが発生する．先に述べたように，セカンドオピニオンは重要である．筑波大学においても，著者らの考え方を押し付けるのではなく，代替的な方法について議論を行った．Kamada and Kojima (2015) は同様の環境において目標定員を先に設定し，それに可能な限り近い安定マッチングの導出方法を発見している．よって，著者らは，関係者とともに，それぞれの解概念を筑波大学の要望に照らし合わせて吟味することにした．

Kamada and Kojima (2015) のメカニズムでは目標定員が先に設定されなければならない．これは，制度設計者が達成したい定員目標を強くもっている場合に相当する．実際，Kamada and Kojima (2015) の焦点は，研修医マッチング制度であり，研修医を僻地の病院にも可能な限り配分することが政策目標にあった．そのため，彼らは事前にある目標定員に最も近い安定マッチングを発見する方法を編み出した．これは目標定員にできる限り近い安定マッチングである一方，その犠牲として研修医の厚生が最大限には改善されない特徴がある．対して，筑波大学は，安定性を担保した上で，できる限り学生の希望に沿った進学選択を目的としている．そのため，今回は事後的安定性を望ましい結果として採用することとなった．

【方法】QAP

しかし既存のマッチング理論では解決できない重要な問題がある．それは，学生の選好を事前に知ることができないということである．事前に知ることのできないパラメータを所与として事後的安定マッチングは規定されるため，事後的安定マッチングは既存の理論では発見できない．

これに対して，最もシンプルな方法として，すべての q に対して DA アルゴリズムを1つ1つ計算し，その結果を見比べるという方法が存在する．しか

し，Q は一般には指数的となるので計算量の問題に直面する．よって，このシンプルで原始的な方法は，実践不可能である．そのため Kumano and Kurino (2022) は quota adjustment process (QAP) と呼ばれる事後的安定マッチング（および対応する最適な定員）をとても短い時間（多項式時間）で発見するアルゴリズムを開発した．

QAP の外観　QAP はアルゴリズム内で定員数を最適に調整する．QAP のインプットは，学生の選好に加えて初期の定員である．アルゴリズム自体は本書のレベルを超えるので割愛するが，興味のある読者は栗野 (2023) または本シリーズのマッチング理論の巻を参照されたい[5]．簡単な QAP の外観を説明すると，QAP は 2 つのステップで構成されている．

第 1 ステップ　QAP はまず最初に，初期の定員を用いて学生最適マッチングを求める．これは定員を初期の定員にした場合の DA の結果である．第 1 ステップは，定員を調整しながら学生の厚生を改善するためのいわばベンチマークとなる．

第 2 ステップ　QAP の主たるアルゴリズムはこの第 2 ステップにある．第 1 ステップで得られた初期の定員に対する学生最適マッチングの下で，より好ましい学類のある学生を，その学類と学生のベクトルとしてすべて書き下す．また最大定員まで到達していない任意の学類について，その学類とダミー学生というベクトルを学群に 1 つ用意する．そして，これらのベクトルを頂点として，特定のサイクルを見つけ出す．このサイクルは複数存在する場合があるが，そのときは任意のサイクルを 1 つ選ぶ．

　　　　　　　特定のサイクルは，安定性を担保したまま定員とマッチングの更新を促す．このサイクルに従ってマッチングと定員を調整した後，また同様の作業を繰り返す．今度はこの更新されたマッチングと定員を用いて上記と同様のベクトルを書き出し，特定のサイクルを見つけ出す．この作業を繰り返して，

---

[5] 学術論文を読める読者は，Kumano and Kurino (2022) を読んでもらえると，最も正確な描写がわかる．

特定のサイクルが存在しなくなったところで第 2 ステップは終了する．そして，終了時点でのマッチングと定員をアウトプットする．

著者らは以下の重要な同値定理を明らかにした．

> **定理** ある定員の下での安定マッチングが事後的安定マッチングであるとき，またそのときに限り，上述した特定のサイクルが存在しない．

同値性は，どちらかが欠けても事後的安定マッチングは発見できない．もしある定員の下での安定マッチングが事後的安定マッチングではなかったとすると，必ず特定のサイクルを見つけることができる．よって，特定のサイクルが見つかる限りは，事後的安定マッチングには到達していないことがわかる．もしこの方向が成り立たないと，事後的安定マッチングに到達できない．つまり定員調整によって安定性を担保したまま学生の厚生を改善する余地を残したままとなる．また事後的安定マッチングに到達した時点で特定のサイクルはなくなるので，事後的安定マッチングに到達したことがわかる．もしこの方向が成り立たないと，事後的安定マッチングに到達したにもかかわらず，特定のサイクルが見つかってしまい，安定性を失ったマッチングにさらに更新されてしまう．

QAP は上の定理に沿った定員とマッチングの更新を行うので，以下の系が得られる．

> **系：QAP は事後的安定マッチングを出力する．**

事後的安定マッチングは，定員調整可能なマッチング問題に一般に複数存在する．そのため QAP はランダムにそのうちの 1 つを出力する．聡明な読者であればお気づきであろうが，QAP はその計算ステップにランダムな選択を許容する構造となっている．それが QAP が導出する事後的安定マッチングが一意とならない理由である．

理論的には，異なる事後的安定マッチングは学生全体にとっては，厚生の優劣がつかないので，どちらも厚生の観点から「よい」マッチングには違いない．

7.4 ケーススタディ：筑波大学の進学選択

一方で，異なる事後的安定マッチング間では，片方を好む学生ともう一方を好む異なる学生が必ず存在する．筑波大学では，QAP のランダム選択の箇所でランダムには選ばず，いくつかの基準に従った選択方法を採用している[6]．

望ましい結果が設定された後，制度設計者が懸念すべき事項は，そのアルゴリズムがうまく機能するか，すなわちインセンティブの制御ができているかである．DA などのようにインプットに対してアウトプットが一意的に定まる場合は，真実表明が支配戦略となる SP が重要なインセンティブ制御のための性質であった．QAP はインプットに対してアウトプットを 1 つ定めるが，一意的ではない．そのため，アルゴリズムのインセンティブ制御には，SP を拡張した「一般化された SP」を満たすかどうかが重要となる．（多価関数）メカニズムが一般化された SP を満たすとは，嘘の表明によって得られる結果の中に，真の表明で得られるすべての結果をパレートの意味で支配するような結果が存在しないことを指す．QAP は実際，一般化された SP を満たすことがわかっている．

> **定理** QAP は一般化された SP を満たす．

よって，QAP はインセンティブ制御の面からもよい性質を保持している．

---

[6] 実際の筑波大学の進学選択では，学類毎の定員に入学試験の試験タイプによる優先枠も設定されている．優先枠の設置とその下での安定的マッチングの導出方法は Hafalir, Yenmez, and Yildirim (2013) を参考にしている．

【調整】シミュレーションによる比較

ここまでで，理論的には機能しそうなアルゴリズムが構築された．しかし，理論的に「よい」からといって，すぐに利用しようとするのは早計である．社会実装にはそれ相応のコストがかかる．また現実と理論の間には必ずギャップがある．そのため，十分な改善を見込めなければ，どんなに理論的に優れていても現実に使用するには及ばない．また多くの関係者を説得することができない．やってみなければわからないことも当然あるが，導入には極めて慎重にならなければならない．

そこで，著者らはQAPがどの程度優れているかをシミュレーションで定量的に評価することにした．一般的に受け入れられている先着順は，今回の目的からは大きく外れているので除外する．目的に最も近い既存の方法であるDAを用いた場合とQAPを用いた場合の差を求めることにした．以下は2つのメカニズムの差である．DAで得られるマッチングを基準として，QAPによって何人の学生がDAよりも好ましい学類にマッチできたかを表している．注意しておくことは，QAPの下でDAよりも厚生が悪化する学生はいかなる場合にも存在しないことである．よって評価基準は，改善する学生が十分にいるかどうかである．

シミュレーションでは，学生の選好と学類の優先順序をランダムに10,000回発生させた．そして同条件下で，DAとQAP(X)の差（の平均）を求めている．ここでQAP(X)の括弧内のXは，許容される定員の変動割合を指している．例えば，QAP(5)は（DAの計算に用いる）初期定員に対して各学類が（学群内の定員の和は一定の条件下で）5%まで定員を変動させることができることを意味する．また，3種類の選好と優先順序の発生方法を試した．無相関は学生の学類に対する選好，学類の学生に対する優先順序をそれぞれ独立に発生させた場合を指す．相関がある場合については，学生間で学類に対する選好に正の相関をもち，また同一学群内の学類間で学生に対する優先順序に正の相関をもつように発生させた．相関が強ければ強いほど，同様の選好や優先順序をもつことになる．括弧内の強弱は，その相関度合いを指す．独立な場合に比べて，相関の導入はより現実的な状況を模倣しているといえるかもしれない．実際，人気のある（多くの学生が進学したい）学類があることや，同じ学群に属する学類では学生に求める条件が似通っていることが見受けられるからだ．

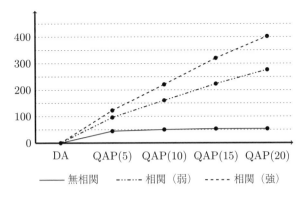

図 7.1 DA に対して QAP で厚生改善した学生の（平均）数

シミュレーション結果　グラフからもわかるように，学類の定員を数パーセント上下させられるだけでも，多くの学生が改善していることがわかる．この理由は簡単で，ある学類の定員が増えたことで，ある学生がその学類に入れたとすると，その学生が移動前にいた学類で 1 つ枠が空く．そこにまた別の学生が入れることになり，この連鎖が発生する（連鎖の最後の学生が最初の学生と同じ学群であれば，学群の定員は一定に保たれている）．よって，たった 1 人分でも定員に変化あれば，マッチング全体に影響が及び，改善の連鎖によって多くの学生が改善していくことになる．

　これより，定性的にも定量的にも QAP が優れていることが示されたので，筑波大学では QAP の導入が決定した．著者らが筑波大学の関係者からもれ聞いた話では，DA を使っていた場合には留年することになっていたであろう学生が，QAP によって留年を免れたという．では実際に学生たちはどのように行動を選択していたのか，それは可能な限り学生の厚生を改善し，同時に不公平性の排除ができていたのか，これは今後，データを精査することで明らかになるだろう．マーケットデザインで大切なことは，導入して終わりではなく，現実とのギャップをさらに埋めていく作業（実証）を続けていくことである．

参考文献

1) Abdulkadiroglu, Atila, Parag A. Pathak, Alvin E. Roth, and Tayfun Sönmez (2005) "The Boston Public School Match," *American Economic Review*, Vol. 95, No. 2, pp. 368–371.
2) Abdulkadiroglu, Atila and Tayfun Sönmez (2003) "School Choice: A Mechanism Design Approach," *American Economic Review*, Vol. 93, No. 3, pp. 729–747.
3) Akbarpour, Mohammad, Piotr Dworczak, Shengwu Li, Scott D. Kominers, and Alexander Teytelboym (2021) "Discovering Auctions: Contributions of Paul Milgrom and Robert Wilson," *Scandinavian Journal of Economics*, 123(3), pp. 709–750.
4) Agarwal, Nikhil (2017) "Policy Analysis in Matching Markets," *American Economic Review*, Vol. 107, No. 5, pp. 246–250.
5) Agarwal, Nikhil and Eric Budish (2021) "Market Design," *Handbook of Industrial Organization*, 5, Issue 1, pp. 1–79.
6) Akerlof, George A. (1970) "The Market for "Lemons": Quality Uncertainty and the Market Mechanism," *Quarterly Journal of Economics*, Vol. 84, No. 3, pp. 488–500.
7) Belleflamme, Paul and Martin Peitz (2018) "Platforms and Network Effects," In *Handbook of Game Theory and Industrial Organization, Volume II*, edited by Luis Corchon and Marco Marini, Edward Elgar.
8) Belleflamme, Paul and Martin Peitz (2021) *The Economics of Platforms: Concepts and Strategy*, Cambridge University Press.
9) Calsamiglia, Caterina, Guillaume Haeringer, and Flip Klijn (2010) "Constrained School Choice," *American Economic Review*, Vol. 100, No. 4, pp. 1860–1874.
10) Chen, Yan and Tayfun Sönmez (2006) "School Choice: An Experimental Study," *Journal of Economic Theory*, Vol. 127, pp. 202–231.
11) Chen, Yan, and Onur Kesten (2017) "Chinese College Admissions and School Choice Reforms: A Theoretical Analysis," *Journal of Political Economy*, 125(1), pp. 99–139.
12) Dasgupta, Partha S., Peter J. Hammond, and Eric S. Maskin (1979) "The Implementation of Social Choice Rules: Some General Results on Incentive Compatibility," *Review of Economic Studies*, 46(2) pp. 185–216.

13) Erdil, Aytek, and Haluk Ergin (2008) "What's the Matter with Tie-Breaking? Improving Efficiency in School Choice," *American Economic Review*, 98(3) pp. 669–689.
14) Ergin, Haluk, and Tayfun Sonmez (2006) "Games of School Choice under the Boston Mechanism," *Journal of Public Economics*, 90(1–2), pp. 215–237.
15) Gale, D., and L. S. Shapley (1962) "College Admissions and the Stability of Marriage," *American Mathematical Monthly*, Vol. 69, No. 1, pp. 9–15.
16) Guillen, Pablo, and Rustamdjan Hakimov (2018) "The Effectiveness of Top-down Advice in Strategy-proof Mechanisms: A Field Experiment," *European Economic Review*, Vol. 101, pp. 505–511.
17) Hafalir, Isa E., M. Bumin Yenmez, and Muhammed A. Yildirim (2013) "Effective Affirmative Action in School Choice," *Theoretical Economics*, 8, pp. 325–363.
18) Hakimov, Rustamdjan, C.-Philipp Heller, Dorothea Kubler, and Morimitsu Kurino (2021) "How to Avoid Black Markets for Appointments with Online Booking Systems," *American Economic Review*, Vol. 111, Issue 7, pp. 2127–2151.
19) Haeringer, Guillaume "Market Design: Auctions and Matching" Cambridge, MA: MIT Press, 2018.
20) Harrison, Glenn W., and John A. List (2004) "Field Experiments," *Journal of Economic Literature*, Vol. 42, No. 4, pp. 1009–1055.
21) Hurwicz, Leonid (1960) "Optimality and Informational Efficiency in Resource Allocation Processes," In Mathematical Methods in Social Sciences, ed. Kenneth Arrow, S. Karlin and P. Suppes, pp. 24–46. Stanford: Stanford University Press.
22) Hurwicz, Leonid (1972) "On Informationally Decentralized Systems," In *Decision and Organization: A Volume in Honor of Jacob Marschak*, ed. C. B. McGuire and R. Radner, pp. 297–336. Minneapolis: University of Minnesota Press.
23) Jackson, Matthew O. (1992) "Implementation in Undominated Strategies: A Look at Bounded Mechanisms," *Review of Economic Studies*, 59(4), pp. 757–775.
24) Kamada, Yuichiro, and Fuhito Kojima (2015) "Efficient Matching under Distributional Constraints: Theory and Applications," *American Economic Review*, Vol. 105, No. 1, pp. 67–99.
25) Krishna, Vijay "Auction Theory." San Diego, CA: Academic Press, 2002.
26) Kumano, Taro, and Morimitsu Kurino (2022) "Quota Adjustment Process," Keio-IES Discussion Paper Series, DP2022-016.

27) Kumano, Taro, and Masahiro Watabe (2012) "Dominant Strategy Implementation of Stable Rules," *Games and Economic Behavior*, 75(1), pp. 428–434.
28) Leshno, Jacob D. (2022) "Dynamic Matching in Overloaded Waiting Lists," *American Economic Review*, 112(12), pp. 3876–3910.
29) Li, Shengwu (2017) "Obviously Strategy-Proof Mechanisms," *American Economic Review*, 107(11), pp. 3257–3287.
30) Mas-Colell, Andreu, Michael D. Whinston, and Jerry R. Green "Microeconomic Theory." New York: Oxford University Press, 1995.
31) Maskin, Eric S. (1977) "Nash Equilibrium and Welfare Optimality," *Review of Economic Studies*, 66(1) pp. 23–38. (Published 1999.)
32) Maskin, Eric S. (2008) "Mechanism Design: How to Implement Social Goals," *American Economic Review*, 98(3), pp. 567–576.
33) Milgrom, Paul "Putting Auction Theory to Work" Cambridge, MA: Cambridge University Press, 2014.
34) Mookherjee, Dilip (2008) "The 2007 Nobel Memorial Prize in Mechanism Design Theory," *Scandinavian Journal of Economics*, 110(2), pp. 237–260.
35) Mount, Kenneth, and Stanley Reiter (1974) "The Informational Size of Message Spaces," *Journal of Economic Theory*, 8(2), pp. 161–192.
36) Pais, Joana, and Agnes Pinter (2008) "School Choice and Information: An Experimental Study on Matching Mechanisms," *Games and Economic Behavior*, Vol. 64, No. 1, pp. 303–328.
37) Pais, Joana, Agnes Pinter, and Robert F. Veszteg (2011) "College Admissions and the Role of Information: An Experimental Study," *International Economic Review*, Vol. 52, No. 3, pp. 713–737.
38) Roth, Alvin E. "Deferred Acceptance Algorithms: History, Theory, Practice, and Open Questions," *International Journal of Game Theory*, 36(3–4), pp. 537–569.
39) Roth, Alvin (1995) "Introduction to Experimental Economics," In *The Handbook of Experimental Economics*, edited by John H. Kagel and Alvin E. Roth, Princeton University Press.
40) Roth, Alvin E. (2002) "The Economist as Engineer: Game Theory, Experimentation, and Computation as Tools for Design Economics," *Econometrica*, Vol. 70, No. 4, pp. 1341–1378.
41) Roth, Alvin E. (2015) "Who Gets What—and Why: The New Economic of Matchmaking and Market Design" New York: Houghton Mifflin Harcourt.
42) Roth, Alvin E. (2018) "Marketplaces, Markets, and Market Design," *American Economic Review*, 108(7), pp. 1609–1658.

43) Roth, Alvin E., and Marilda A. O. Sotomayor "Two-sided Matching: A Study in Game Theoretic Modeling and Analysis." Cambridge, UK: Cambridge University Press, 1990.
44) Roth, Alvin E., and Elliott Peranson (1999) "The Redesign of the Matching Market for American Physicians: Some Engineering Aspects of Economic Design," *American Economic Review*, Vol. 89, No. 4, pp. 748–780.
45) Roth, Alvin E., and Xiaolin Xing (1997) "Turnaround Time and Bottlenecks in Market Clearing: Decentralized Matching in the Market for Clinical Psychologists," *Journal of Political Economy*, 105(2), pp. 284–329.
46) Sönmez, Tayfun (2023) "Minimalist Market Design: A Framework for Economists with Policy Aspirations" mimeo
47) 岡田章 (2021)『ゲーム理論』第3版，有斐閣
48) 神取道宏 (2014)『ミクロ経済学の力』，日本評論社
49) ギオーム・ハーリンジャー (2020)『マーケットデザイン―オークションとマッチングの理論・実践』栗野盛光訳，中央経済社
50) 喜多秀行・栗野盛光 (2024)「ライドシェア，制度設計が鍵」，日本経済新聞 2024 年 4 月 30 日朝刊
51) 栗野盛光 (2019)『ゲーム理論とマッチング』，日本経済新聞出版社
52) 栗野盛光 (2021)「経済理論を実践し社会経済制度をデザインするには」，月刊経団連，2021 年 9 月号，pp. 40–41
53) 栗野盛光 (2023)「定員調整可能なマッチングメカニズムのデザイン」，阿部修人・大湾秀雄・田中隆一・谷崎久志（編）『現代経済学の潮流 2023』，日本経済学会
54) 小西祥文 (2022)「新しい経済実証と環境経済学」，経済セミナー，12・1, 2022–2023, No. 729
55) 澤田康幸 (2020)「経済学における実証分析の進化」，経済セミナー編集部（編）『新版 進化する経済学の実証分析』，日本評論社
56) 高原勇・栗野盛光 (2021)『次世代モビリティの経済学』，日本経済新聞出版社
57) 水野誠・阿部誠・新保直樹 (2022)「受信者と発信者の異質性を考慮したインフルエンサー・マーケティングにおけるシーディング戦略」，マーケティングサイエンス，Vol. 30, No. 1, pp. 9–32

索　引

欧字

AI　149, 152, 154
DA メカニズム　135, 139
Deferred Acceptance アルゴリズム　87, 163
E コマース　111
Maskin 単調性　71
QAP　170
SNS　111
strategy-proof　34, 63, 92
TTC (Top Trading Cycles) メカニズム　135, 139

あ

青田買い　144
アルゴリズムの計算量　35
安心　115
安全　115
安定性　31, 78, 81
意思決定者　18
一位価格オークション　105
一般化された SP　173
インセンティブ条件　2, 7
売り手　96
エチオピアの穀物市場　118
オークショニア　96
オークション理論　15
オススメ　118

か

買い手　96
外的妥当性　137
介入群　131
外部性の内部化　117
学校選択　133
慣習的先着順ルール　2, 7
完全競争市場　112, 125
簡素さ　115
供給関数　112
協力ゲーム　42
均衡　113
均衡価格　113
均衡取引量　113
金銭移転　98
経済実験　131
ゲーム　42
研修医制度　141
研修医マッチング　142
公開入札　100
構造推定　132, 140
公平性　2, 7
効用関数　20
効率性　2, 7
合理的　21
個人合理性　81
混雑　2, 7, 115
コンテンツ配信型プラットフォーム　111

さ

最適反応　46
事後的安定性　168
市場　18
市場の厚み　115
自然型フィールド実験　138
実現関数　64
シーディング戦略　129
私的情報　97

索引

支配戦略	47, 104
支配戦略均衡	48
支配戦略遂行	68
シミュレーション	143
自明な SP	107
社会選択関数	61
需要関数	112
勝者	96
情報完備	43
進学選択	163
人工型フィールド実験	138
遂行	66
遂行問題	56
生体認証	6
制度	22, 55
競り上げオークション	101
選好	18
先着順	109
先着順アルゴリズム	85
先着順メカニズム	135, 144
先着順予約ルール	4
戦略	42
戦略型	43

た

待機リスト付き慣習的先着順ルール	3
対照群	131
多対一のマッチングモデル	144
多対一マッチング問題	75
抽選	5
抽選一括予約ルール	6
超過供給	114
超過需要	114
直接メカニズム	68
転売	4, 5, 8
独占市場	126

な

ナッシュ均衡	50, 51, 121
ナッシュ遂行	70
二位価格オークション	101
二次流通市場を伴う抽選予約ルール	5
入札	96
ネットワーク効果	116

は

パレート効率性	30, 99, 127
反実仮想	141
非協力ゲーム	42
被験者実験	9
非分割財	133
非分割財配分問題	133, 139
表明原理	69
フィールド実験	9, 131, 138
封印入札	100
部分遂行	67
プライステイカー	112
プラットフォーム	39
プレイヤー	42
ブロッキングペア	81
米国研修医マッチング制度	144
米国の小麦市場	117
僻地病院定理	82, 142
本人確認	5, 6

ま

マッチング	74
マッチングプラットフォーム	111
マッチング理論	14
メカニズム	64
メカニズムデザイン理論	13
メッセージ空間	64

や

誘導型推定	140

ら

利得	42

ルール	2
レーティング	118
レビュー	118
レモンの市場	115
労働者(企業)最適安定マッチング	83, 91

わ

枠組み型フィールド実験	138

〈監修者・著者紹介〉

栗野盛光（くりの もりみつ）

2009 年	University of Pittsburgh, USA, Ph.D. プログラム修了
現　在	慶應義塾大学経済学部教授，慶應義塾大学経済学部附属経済研究所マーケットデザイン研究センター センター長 Ph.D. in Economics
専　門	マーケットデザイン，ミクロ経済学
主　著	Rustamdjan Hakimov, C-Philipp Heller, Dorothea Kubler, and Morimitsu Kurino (2021) "How to avoid black markets for appointments with online booking systems", *American Economic Review*, Vol.111, No.7, pp. 2127-2151 『ゲーム理論とマッチング』（日本経済新聞出版，2019） 『次世代モビリティの経済学』（共著，日本経済新聞出版，2021）

〈著者紹介〉

熊野太郎（くまの たろう）

2012 年	Washington University in St. Louis, USA, Ph.D. プログラム修了
現　在	横浜国立大学国際社会科学研究院教授 Ph.D. in Economics
専　門	マーケットデザイン，ミクロ経済理論
主　著	Aytek Erdil and Taro Kumano (2019) "Efficiency and stability under substitutable priorities with ties", *Journal of Economic Theory*, Vol.184, 104950

シリーズ マーケットデザイン
マーケットデザイン総論
Guide to Market Design

2024 年 9 月 30 日　初版 1 刷発行

監　修	栗野盛光
著　者	栗野盛光 熊野太郎　ⓒ 2024
発行者	南條光章
発行所	共立出版株式会社

〒112-0006
東京都文京区小日向 4-6-19
電話番号 03-3947-2511 （代表）
振替口座 00110-2-57035
www.kyoritsu-pub.co.jp

印　刷
製　本　藤原印刷

検印廃止
NDC 331.845
ISBN 978-4-320-09681-3

一般社団法人
自然科学書協会
会員

Printed in Japan

|JCOPY| ＜出版者著作権管理機構委託出版物＞
本書の無断複製は著作権法上での例外を除き禁じられています．複製される場合は，そのつど事前に，出版者著作権管理機構（TEL：03-5244-5088，FAX：03-5244-5089，e-mail：info@jcopy.or.jp）の許諾を得てください．